計劃一下
享受一個輕巧自在的
悠哉小旅行

ことりっぷ co-Trip 小伴旅

河口湖・山中湖
富士山・勝沼

讓我陪你去旅行
一起遊玩好EASY～

走♪我們出發吧

抵達河口湖・山中湖後…

那麼，接下來要做什麼呢？

終於到
河口湖・山中湖了。

在可以看到世界遺產富士山的湖畔散步，
或是沉醉於勝沼的葡萄酒世界當中。
四季面貌萬千的美麗自然，以及豐沛的溫泉。

首先前往位於河口湖畔的藝廊，或是西湖溫馨之鄉 根場體驗自己動手做的樂趣。接著到可以享受富士山麓自然之美的青木原樹海或忍野八海散步，然後去PICA山中湖村參加環保體驗活動，遊覽勝沼的葡萄之丘與酒莊，最後在富士見的浴池中泡湯，這樣的行程您覺得如何呢？

位於倉庫中的展示藝廊，微暗燈光所營造出的色調十分夢幻。
⌕P.21

check list

- ☐ 在河口湖畔度過充滿藝術氣息的一天 ⌕P.20
- ☐ 西湖溫馨之鄉 根湯 ⌕P.28
- ☐ 青木原樹海導覽行程 ⌕P.30
- ☐ 在PICA山中湖村擁抱大自然 ⌕P.52
- ☐ 造訪忍野八海的名水 ⌕P.58
- ☐ 勝沼葡萄之丘 ⌕P.92
- ☐ 遊覽勝沼的葡萄酒莊 ⌕P.94
- ☐
- ☐

置身於釀酒專用品種的葡萄園之中，會讓人幾乎忘了身在日本。
⌕P.95

說不定會在青木原樹海遇到可愛的野鳥。
⌕P.30

離居第一次親眼目睹茅草宗屋的景色，不知怎的讓人感到十分熟悉。
⌕P.28

不妨在酒香瀰漫的空間中深入了解榮得世界肯定的甲州葡萄酒歷史。
⌕P.94

抵達河口湖・山中湖後…

要吃點什麼呢？

名列當地美食的吉田烏龍麵、
與葡萄酒十分相襯的美味餐點、
使用富士山名水製成的手打蕎麥麵都非常推薦。

河口湖‧山中湖畔的咖啡廳
可讓人一邊欣賞富士山景
色，一邊品茶，或是享用當
地美食與使用名水烹調的菜
色。勝沼附近除了可以品嘗

與葡萄酒十分搭調的佳餚，
也千萬別漏了採用水果王國
山梨出產的當季水果製成的
甜點。

點一道喜愛的餐點
為特別的夜晚增添光彩。
P.25

擺滿新鮮水蜜桃的聖代
只有當季才能享用的美味甜品。
P.107

check list

- [ ] 湖畔咖啡廳的美食佳餚
  P.22‧24‧54‧56
- [ ] 吉田烏龍麵 P.38
- [ ] 忍野的名水蕎麥麵 P.60
- [ ] 酒莊直營餐廳 P.96
- [ ] 山梨鄉土美食餺飥
  P.26‧104
- [ ] 當季水果甜點 P.106

要買些什麼呢？

採用富士山麓食材製成的當地美味、
精心烤製的麵包、工匠嘔心瀝血製成的
民俗工藝品等，都是絕佳伴手禮。

前往酒莊，
尋找一瓶自己喜愛的葡萄酒。
P.92‧94

將使用富士山麓精選食材的
手工麵包，以及加入富士山
名水製成的美味帶回家吧。
融合傳統技藝與工匠巧思的
手工民俗工藝品等，全都只

有在這裡才找得到。到御殿
場的暢貨中心購物也非常划
算。

剛出爐的麵包香味
讓人忍不住食指大動。
P.40‧62‧108

check list

- [ ] 使用天然酵母的講究麵包
  P.40‧62‧108
- [ ] 在當地大受歡迎的頂級甜品
  P.40‧62‧108
- [ ] 韻味無窮的民俗工藝品
  P.41‧63‧109
- [ ] 富士山主題的伴手禮
  P.34‧76
- [ ] 牧場出產的乳製品
  P.81
- [ ] 產自勝沼的甲州葡萄酒
  P.92‧94
- [ ]

到河口湖・山中湖玩2天1夜

到達世界遺產富士山的門戶，富士急行富士山站之後，
第1天先去忍野・山中湖一帶，第2天再到河口湖畔散步。
善用富士湖號或懷舊巴士就可以玩遍各個景點。

第1天

抵達富士山站。首先在站前
搭乘富士湖號前往忍野八海

A.M.9:30
從富士山站搭乘巴士20分即
可抵達**忍野八海** ☞P.58。在
獲選為日本百大名水的名水
之鄉散步。

P.M.0:30
前往山中湖畔的**PICA山中湖村**
☞P.52品嘗以蔬菜為主的健康天
然午餐&參加環保體驗活動。

不妨享用有益身體健康的天然午餐

A.M.11:30
搭乘富士湖號前往山中湖。在旭日丘
棧橋搭乘**山中湖的白鳥湖號遊覽船**
☞P.50，繞行山中湖一圈。

P.M.5:00
坐電車前往河口湖。在車站前搭乘懷
舊巴士前往河口湖溫泉的**秀峰閣 湖
月**☞P.42，提早辦理入住手續，然後
到富士見浴池悠哉地泡湯。

P.M.3:30
搭乘富士湖號前往**北口本宮
富士淺間神社**☞P.37，向神
明祈求或許就能獲得力量。

在富士見浴池悠哉泡湯

第2天

A.M.10:30
搭乘懷舊巴士前往**大石公園**⊠**P.18**，不妨在此拍下富士山最美麗的模樣。6月下旬～7月中旬可見到滿山遍野的美麗薰衣草。

A.M.11:00
在**スローガーデン砧 蔵ギャラリー**⊠**P.21**選購獨特陶器及**パン工房砧**⊠**P.40**天然酵母麵包當作伴手禮。

P.M.1:00
搭乘懷舊巴士前往湖畔。在獨棟式餐廳**地中海食堂perro**⊠**P.24**令人放鬆的空間中享用稍遲的午餐。

在蔵ギャラリー找到自己喜愛的餐具

香草的香氣讓人身心舒暢

P.M.3:00
搭乘懷舊巴士前往**河口湖香草館**⊠**P.19**，這裡可以買伴手禮，還可以體驗押花與花籃製作。

P.M.4:00
在湖畔的咖啡廳Happy Days Cafe⊠**P.23**一邊欣賞河口湖的景色，一邊享用下午茶。

P.M.5:00
搭乘懷舊巴士回到河口湖站，準備踏上歸途。

到勝沼一日遊

從勝沼葡萄鄉站出發，來一趟酒莊巡禮，
盡情沉醉在別無分號的葡萄酒世界之中。
搭乘市民巴士前往各地都十分便利。

A.M.9:30
先從站前搭乘甲州市民巴士朝酒莊前進。

A.M.10:00
參加Château Mercian
☞P.94的葡萄酒歷史導覽行程，就可以試飲葡萄酒。

吃完餺飥後身體變得暖呼呼的

P.M.1:00
不妨在**一味家**☞P.105享用加入滿滿店家自家栽種蔬菜的餺飥。

P.M.0:00
搭乘市民巴士前往子安橋北，在**四季菜KATSUNUMA FARMER'S MARKET**☞P.103品嘗及選購新鮮番茄。

P.M.2:30
來**パンテーブル**☞P.108買天然酵母麵包當作伴手禮。

試飲比較，選出自己喜歡的葡萄酒當作伴手禮

P.M.4:00
坐上市民巴士前往**葡萄之丘**☞P.92。若想尋找喜歡的葡萄酒口味，來葡萄之丘的酒窖就對了。只要1100日圓，便能試喝勝沼29家酒莊、200種的葡萄酒。這裡還有能一望南阿爾卑斯山的天空之湯。

搭乘巴士一路坐回到勝沼葡萄鄉站。

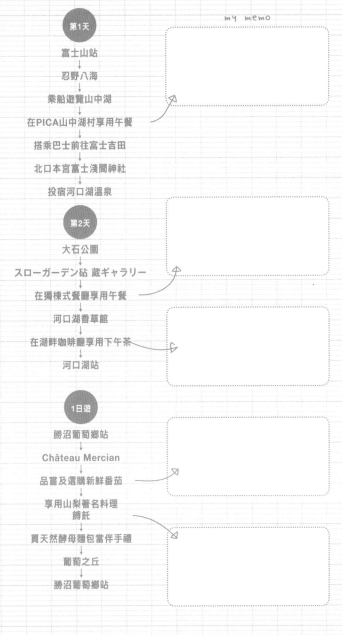

擬定計畫的訣竅

河口湖‧山中湖一帶的出發地點較分散，若是第1天先遊覽山中湖，然後到河口湖住宿，就能充分運用第2天的時間。搭乘懷舊巴士遊河口湖一帶非常方便，玩2天1夜的話買套票較划算。

my memo

第1天

富士山站
↓
忍野八海
↓
乘船遊覽山中湖
↓
在PICA山中湖村享用午餐
↓
搭乘巴士前往富士吉田
↓
北口本宮富士淺間神社
↓
投宿河口湖溫泉

第2天

大石公園
↓
スローガーデン砧 蔵ギャラリー
↓
在獨棟式餐廳享用午餐
↓
河口湖香草館
↓
在湖畔咖啡廳享用下午茶
↓
河口湖站

1日遊

勝沼葡萄鄉站
↓
Château Mercian
↓
品嘗及選購新鮮番茄
↓
享用山梨著名料理
餺飥
↓
買天然酵母麵包當伴手禮
↓
葡萄之丘
↓
勝沼葡萄鄉站

ことりっぷ ^{co-Trip} 小伴旅　河口湖·山中湖　富士山·勝沼

CONTENTS

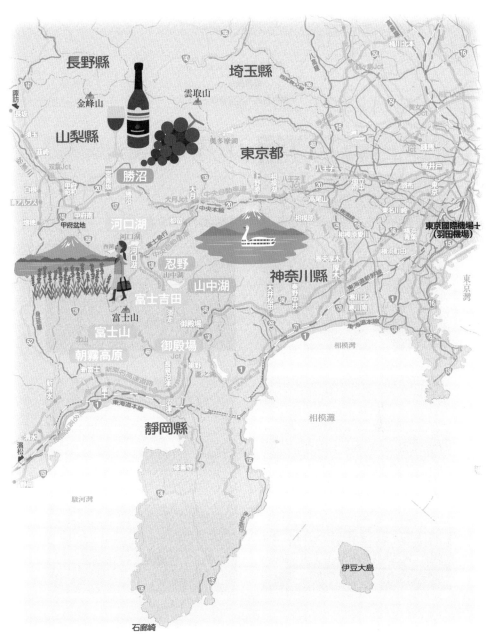

長野縣

金峰山

山梨縣

雲取山

埼玉縣

勝沼

奧多摩湖

東京都

諏訪

長坂

玉

韮崎

双葉Jct

南アルプス

境線

甲府盆地

甲府南

勝沼

大月Jct

中央自動車道

大月

都留

八王子

八王子

高尾山

相模原

相模原

厚木

園央厚木

横浜町田

東京國際機場
（羽田機場）

河口湖

河口湖

富士急行

西湖

河口湖

忍野

山中湖

山中湖

富士吉田

御殿場

富士山

富士山

朝霧高原

御殿場

御殿場Jct

足柄

身延線

北山

新清水

富士

東海道本線

沼津

靜岡縣

修善寺

相模原

神奈川縣

相模灣

東京灣

相模灘

駿河灣

濱松

伊豆大島

石廊崎

圍繞著靈峰富士山的
美麗景色
擁有各種不同的色彩。

河口湖

西湖・富士吉田

瀰漫著假聖地氣氛的湖泊，河口湖。
湖邊四處皆可欣賞
山地幅員遼闊的美麗富士山。
除了沿著湖畔分布的美術館與住宿設施，
也很推薦到可愛的咖啡廳小憩。
享用堅持採用當地食材的美食，
彷彿也從富士山獲得了力量。

大略地介紹一下河口湖・西湖・富士吉田

這個地區可說是山梨縣通往富士山的門戶。
附近有許多觀光設施、餐飲店、住宿設施，
可盡情欣賞富士山四季更迭的風貌。

首先去哪裡好呢？

做好旅行的萬全準備&遊覽當地的實用資訊

到當地蒐集最新資訊

河口湖、富士山兩站的觀光服務處就在車站旁，不妨在此取得當天最新的資訊。也要多加留意變化多端的山中天候狀況。

投幣式置物櫃

投幣式置物櫃位在河口湖站內，走出剪票口後左轉盡頭處便可看到。1次300日圓～。

善加利用周遊巴士

巴士都是以河口湖站為起訖點，有前往河口湖東岸、北岸的「河口湖周遊懷舊巴士（河口湖周遊レトロバス）」，以及途經河口湖南岸開往西湖方向的「西湖周遊懷舊巴士（西湖周遊レトロバス）」，票價150日圓～（依區間而異）。

☎0555-72-6877
（富士急山梨巴士）

河口湖周遊懷舊巴士

從河口湖站每20分發車一班，除了必經的河口湖、西湖外，也是巡迴「卡奇卡奇山纜車」、「河口湖遊覽船」、「音樂盒森林」、「河口湖美術館」等觀光設施的方便巴士。部分班次還會開往富士急高原樂園度假飯店、ふじやま溫泉。能在2天內自由搭乘的「河口湖・西湖周遊巴士套票（河口湖・西湖周遊バスフリークーポン）」可以在車上購買，1200日圓。

西湖周遊懷舊巴士

從河口湖站出發，不需轉車便可直達西湖蝙蝠穴等景點，1天8班車。可在2天內自由搭乘該巴士與河口湖周遊懷舊巴士全線的「河口湖・西湖周遊巴士套票」1200日圓，可在車上購票。

稍微走遠一點
精進湖・本栖湖
五湖中最小的精進湖
非常盛行划船等水上活動。
本栖湖的湖色與日本千圓紙鈔
圖案所使用的寶藍色相同，
相當美麗。

寶藍色的美麗湖泊，本栖湖

原始林木環繞的
豐富大自然
西湖 P.28

四周由原始林景觀最具
代表性的青木原樹海環抱。
湖畔則散布多處露營場，
與河口湖畔相比
氣氛較為閑靜。

觀光名勝散布其中的
湖泊度假勝地
河口湖 P.18

富士五湖中觀光設施、
餐飲店、住宿設施
最為集中的熱鬧湖泊。
多數旅館有引溫泉。

黑岳

三ッ峠山

一宮御坂 IC

▲母之白瀑布

西桂町

富士河口湖町

河口湖

河口 ┃ 淺間神社

三峠站

▲白絲瀑布

大月 Jct

富士急行

若彦隧道

137

富士河口湖町觀光綜合服務處
（河口湖站旁）

天上山

河口湖站

中央自動車道

富士吉田市

富士吉田市觀光服務處
（富士山站巴士總站前）
富士山站

杓子山鑛泉

不動湯

鳥居地峠

泉瑞
富士淺間神社

上宿

鐘山

忍野村

バイパス南

富士吉田

富士Panorama Line

139

和田山

東戀路

造訪能量景點
品嘗遠近馳名的烏龍麵
富士吉田 P.36

北口本宮富士淺間神社是
富士山信仰的象徵，
散發出神聖莊嚴的氣氛。
著名的吉田烏龍麵是
不容錯過的美食。

忍野
133

山中湖 IC

富士SUBARU LINE

在懷舊的小巷弄散步
享受悠閒時刻
月江寺一帶 P.36

至今仍保存著令人懷念街景的
月江寺最適合漫步，
感受這裡緩慢悠閒的步調，
到懷舊咖啡廳好好放鬆。

┌─ 觀光服務處一覽 ─┐

富士河口湖町觀光綜合服務處（河口湖站旁）
☎0555-72-6700
富士吉田市觀光服務處（富士山站巴士總站前）
☎0555-22-7000

富士急行富士山站，是相當重要的富士山觀光終點車站。

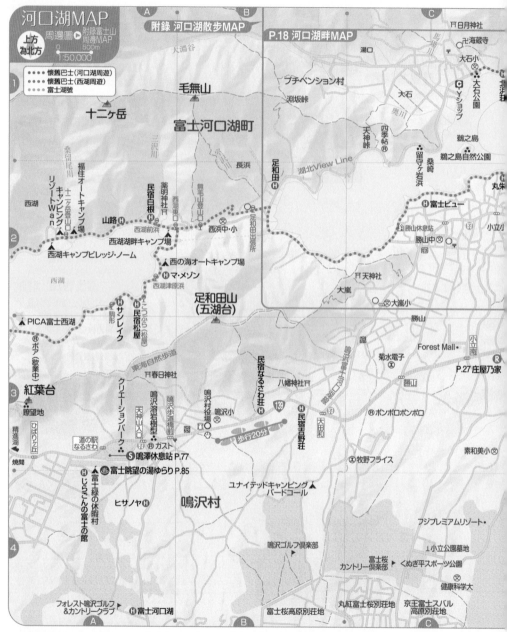

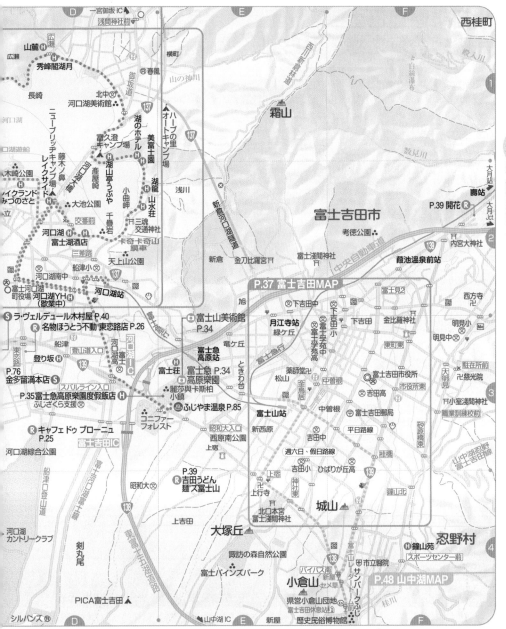

搭乘懷舊巴士
暢遊香草之鄉・河口湖

一到初夏時節，河口湖便會開滿薰衣草。
不妨搭乘便利的懷舊巴士，
悠閒遊覽香草盛開的河口湖畔。

整個繞上一圈
4小時
建議時段

若想要聰明遊覽河口湖，推薦搭乘每20分發車1班的懷舊巴士，從河口湖站繞行各個主要觀光設施。此外，還推出與纜車、遊覽船通用的優惠套票2300日圓，相當划算（2日內無限搭乘懷舊巴士）。

1 大石公園
おおいしこうえん

薰衣草盛開的時期相當熱門

天氣好的時候可以遠眺河口湖後方的富士山，是非常受歡迎的拍照地點。色彩艷麗的薰衣草每年6月下旬～7月中旬盛開。

公園 ☎0555-76-8230（河口湖自然生活館）♔富士河口湖町大石 ♔自由入園 Ｐ有 ♨巴士站河口湖自然生活館即到 MAP 18

薰衣草的芬芳花香
讓人身心舒暢

果醬製作體驗（採預約制，僅接受2人以上的預約）每人850日圓

2 河口湖自然生活館
かわぐちこしぜんせいかつかん

盡情享受採藍莓的樂趣

位於能一覽河口湖與富士山的絕佳地點，可一邊欣賞湖光山色一邊採藍莓。手工果醬教室十分受歡迎。

體驗 ☎0555-76-8230 ♔富士河口湖町大石2585 ⏰9:00～18:00（11～3月～17:30）休週五（6～8月無休，逢假日則營業）¥採藍莓（7月上旬～8月中旬，採預約制，附伴手禮）1000日圓 Ｐ有 ♨巴士站河口湖自然生活館即到 MAP 18

P.21 スローガーデン砧 蔵ギャラリー
P.21 カフェ砧
P.40 パン工房砧 Ｓ
湯口
プチペンション村
歩行20分
淵坂峠
P.20 大石紬傳統工藝館
P.18・41 河口湖自然生活館 2
P.18 大石公園 1
P.40 湖畔のパン工房レイクベイク Ｓ
鵜之島
鵜之島自然公
P.69 湖北View Line
留守ヶ岩浜
留守ヶ岩
桑崎
扇崎
寺崎
新寺崎隧道
足和田
長濱隧道
寺崎隧道
敷島の松（富士ビューホテル）
富士御室浅間神社
Ｐ 民俗資料館
富士ビュー
ふれあいセンター入口
P.41 勝山休息站 Ｓ
道の駅かつやま
Ｈ イエスタディ
天神下
勝山 勝山
Ｐ 勝山郵便局
小海
河口湖畔MAP
周邊圖 ＯP.16
懷舊巴士（河口湖周遊）
懷舊巴士（西湖周遊）
富士河口湖

↑鼠尾草等香草也爭相綻放　　↑薰衣草的可愛紫色小花蔥人憐愛　　↑從河口湖自然生活館眺望富士山　　↑天上山的天上之鐘

更好動一點的人可以去

一起花划艇上欣賞富士山吧

Country Lake Systems
加拿大式划艇學校

初學者也能安心輕鬆體驗加拿大式划艇的設施，也提供登山越野車與四輪越野車等體驗活動。

體驗 ☎0555-20-4052
⌂富士河口湖町大石2954-1 Wilderness Park Lodge ⏰8:00～18:00 無休 P有 ‼巴士站北浜莊前即到
MAP 19

划艇體驗課程5400日圓

---

3 天上山公園卡奇卡奇山纜車
てんじょうやまこうえんカチカチやまロープウェイ

搭乘可愛的纜車來趟空中之旅

海拔856m的河口湖畔站到海拔1075m的富士見台站，搭乘纜車只要3分即可抵達，眼前是360度環繞的美景。

纜車 ☎0555-72-0363 ⌂富士河口湖町淺川1163-1 ⏰9:00～17:20(3月1日～4月15日・10月16日～11月30日為～17:10、12月1日～2月28日為9:30～16:40) 無休(天候不佳或保養維護時停止營運) P有 ‼巴士站ロープウェイ入口即到 MAP 19

搭乘纜車來回只要720日圓

ENSOLEILLE號設計走南歐風格，非常典雅

---

4 河口湖遊覽船「Ensoleille」號
かわぐちこゆうらんせんアンソレイユごう

乘坐觀光船欣賞富士山景色

繞行河口湖一圈的造型觀光船，仿造南歐湖畔度假區的風格打造。觀光船每隔30分從船津浜出航，環湖一圈約需20分。

遊覽船 ☎0555-72-0029 (富士五湖汽船) ⌂富士河口湖町船津4034 ⏰9:00～16:30 (暑假、冬季會有所異動) 無休 遊覽船930日圓 P有 富士急行線河口湖站步行10分 MAP 19

乾燥花籃1030日圓

---

5 河口湖香草館
かわぐちこハーブかん

香草的芳香撫慰人心

可參觀種植約160種香草的花園，還可體驗製作花圈等活動。這裡的香草製品與手工蜂蜜蛋糕非常受歡迎。

參觀 ☎0555-72-3082 ⌂富士河口湖町船津6713-18 ⏰9:00～18:00(11～3月～17:30) 無休 免費入館 P有 ‼巴士站河口湖ハーブ館即到 MAP 19

↓有狸貓與兔子的天上山公園　　↓天上山初夏時節盛開的繡球花　　↓香草館的獨創蜂蜜蛋糕650日圓　　↓搭乘Ensoleille號優雅遊湖

位於河口湖東岸的產屋崎是觀賞富士山倒影的絕佳景點，天氣晴朗無風的早晨是觀賞的最佳時機。

此地獨有的珍貴藝廊
在河口湖畔度過充滿藝術氣息的一天

展示著獨具個性作品的藝廊，
只有這裡才找得到。
不妨一起放慢步調欣賞藝術作品。

體驗傳統技藝
大石紬傳統工藝館
おおいしつむぎでんとうこうげいかん

「大石紬」是江戶時代自河口湖、大石地區所流傳的傳統手織絲綢，散發出美麗光澤與色彩的大石紬，更獲選為山梨縣鄉土傳統工藝品的代表。館內介紹起源於大石地區的大石紬的歷史與特徵、從坐繰到使用機械織布的一連串過程。在實際操作區與展示品區可以實際接觸大石紬，也有機會體驗手織工藝（需預約）。

☎0555-76-7901 ♔富士河口湖町大石1438-1 ⏰9:00～17:00 ㊡週二（6～8月無休）💴免費入館，以繭製作可愛小動物800日圓～，植物手染體驗4000日圓（2名以上），手織體驗（含材料費，編織桌巾，需預約）7000日圓 🅿有 🚌巴士站河口湖自然生活館步行5分 ᴹᴬᴾ18

❶用可愛的繭做成的繭人偶500日圓～，是很搶手的擺飾 ❷大石紬可做成各式各樣的物品，從小玩意兒到和服一應俱全 ❸把古早的工藝技術傳承至今的織布機是相當珍貴的文物 ❹手織體驗是製作桌巾，需花費1～2小時

1600日圓的美顏粉撲很受女性歡迎

日本第一家綜合寶石博物館
位於湖畔沿岸的山梨寶石博物館，從河口湖站搭乘巴士約7〜13分的車程可到，館內可學習到關於原石、裸石、飾品等寶石的歷史知識，約3000件的收藏十分驚人。 **MAP** 19

與世上獨一無二的藝術作品相遇
スローガーデン砧 蔵ギャラリー
スローガーデンきぬたくらギャラリー

利用舊倉庫重新裝潢而成的藝廊，是一處能讓人沉澱心靈的空間。除了可以欣賞藝術家的陶器度過優雅時光，也可以選購咖啡杯或小碟子等自己喜歡的作品。

☎0555-76-7413 ⌂富士河口湖町大石310 ⊙11:00〜17:00 困週日〜四 ¥免費入館 ℗有 ‼巴士站河口湖自然生活館步行5分 **MAP** 18

1倉庫中冬暖夏涼，是非常舒適的空間 2日常生活中用到的盤子與杯子等獨一無二的餐具種類齊全（1000日圓〜）

小憩片刻
●カフェ砧 カフェきぬた
附設於麵包工作坊內的咖啡廳，可享用熱狗、濃湯麵包盅等的原創銅板美食與現烤麵包。

1附海蒂白麵包三明治的午間套餐也很熱門（980日圓〜）包盅（普羅旺斯燉菜）500日圓 2濃湯麵 3熱狗（原味）500日圓

沉醉於華麗的一竹辻花染
久保田一竹美術館
くぼたいっちくびじゅつかん

這裡可以欣賞久保田一竹的作品，他獨特的「一竹辻花染」，使瀕臨失傳的手染工藝辻花染獲得新生。新館附設蜻蛉玉（とんぼだま）藝廊。

☎0555-76-8811 ⌂富士河口湖町河口2255 ⊙9:30〜17:00（12〜3月為10:00〜16:00）困週二（逢假日及1月第1週二則開館）¥1300日圓 ℗有 ‼巴士站久保田一竹美術館即到 **MAP** 19

「穗」 富士山

以80幅相連畫作表現四季不同景色與宇宙的生涯代表作「光響」

小憩片刻
●茶房一竹庵 さぼういっちくあん
可觀賞美麗庭園全景的館內咖啡廳，不妨在這裡一邊回味欣賞過的作品，一邊悠閒地品茶。

觀賞優美的庭園度過愜意時光

●美術館商店
館內的商店，販賣以一竹辻花染同樣布料製作的小包，售價2100日圓起。還有2900日圓的久保田一竹作品集等。

配色美麗的小包包等可當作伴手禮

スローガーデン砧 蔵ギャラリー所展示的陶器也深受河口湖的別墅族喜愛。

在河口湖畔的博物館咖啡廳
度過悠閒時光，放鬆身心

這裡介紹幾家在河口湖散步時可以順道造訪的咖啡廳
坐在戶外座位欣賞美景，享用手工甜點，
度過讓心靈獲得沉澱的咖啡廳時光。

在氣氛優雅的露天咖啡座度過愜意的午茶時間
ル・リバージュ

位於河口湖音樂盒森林內，仿照中世紀歐洲城堡打造而成，擁有廣大的露天咖啡座，可欣賞秀麗的庭園度過心靈平靜的一刻。散步後品嘗當季水果製成的水果塔、果香清新的水果茶等，好好放鬆一下。另外也非常推薦午餐的燉牛肉等道地菜色。

☎0555-20-4111 (河口湖音樂盒森林) ⌂富士河口湖町河口3077-20 河口湖音樂盒森林內 ⏰9:00～17:30 困無休 ♨巴士站オルゴールの森即到 MAP 19

❶美術館內有世界規模最大的跳舞音樂盒 ❷庭園內四季百花爭艷 ❸觀賞美麗的庭園，度過悠閒的午茶時光。水果塔、蛋糕648日圓 ❹館內的建築物瀰漫著中世紀歐洲風情 ❺果香濃郁的水果茶（兩人份）1944日圓

■1以味噌提味的多蜜醬起司漢堡排1253日圓 ■2天氣晴朗的日子一定要到露天座好好放鬆 ■3建於高地上的咖啡廳可眺望河口湖全景

■1尖頂的童話風建築物 ■2後方為草莓聖代的草莓白書864日圓,前方為招牌的蛋糕套餐972日圓 ■3店內洋溢著沉穩的摩登復古氣息

在能夠俯瞰河口湖、視野極佳的戶外座位放鬆

Happy Days Cafe ハッピーデイズカフェ

附設於北原照久玩具博物館內的「Happy Days」咖啡廳,店內除了可以觀賞富士山與湖畔的景色,還裝飾著可愛的玩具。提供咖哩、義大利麵、甜點等,菜單種類豐富。戶外座位可攜帶寵物。

☎0555-83-3321 ⛩富士河口湖町小立1204-2 ⏰10:00～17:00(依季節有所異動) 🈺無休 🅿有 🚌巴士站河口湖ハーブ館即到
MAP 19

在童話世界品嘗甜美的草莓甜點

オルソンさんのいちご

在河口湖木之花美術館內的咖啡廳,散發出一片摩登復古氛圍。沉穩氛圍的石造吧台和活潑的紅黑配色,營造出成熟的空間。可以在此享用使用嚴選草莓製作的甜點。

☎0555-76-6789(河口湖木之花美術館) ⛩富士河口湖町河口3026-1 河口湖木之花美術館內 ⏰10:00～16:30(12～2月有所異動) 🈺不定休 🅿有 🚌巴士站猿まわし劇場・木ノ花美術館即到
MAP 19

絕不令人失望的美味時光
河口湖餐廳口袋名單

若選在充滿度假勝地氛圍的河口湖度過週末，
用餐時除了餐點的美味程度，氣氛上也很重要。
在此整理出能為美好旅行更添回憶的餐廳名單。

搭配富士山美景
品味香草美饌

ハーブガーデンレストラン四季の香り ハーブガーデンレストランしきのかおり

大量使用清晨自附設香草園所採收的無農藥香草，供應義大利麵、漢堡排、香煎肉排等菜餚。除了自家農園栽種的香草，連醬汁、淋醬也堅持全部以手工製作。

天然美食 ☎0555-73-3338
⌂山梨縣富士河口湖町船津1200-1 ⏰11:30～14:30 ㊡不定休 Ⓟ有 ‼河口湖站步行15分 MAP 19

```
MENU
套餐菜單1620日圓
義大利麵午餐972日圓～
每日義大利午餐
1620日圓
```

1 義大利麵午餐也是滿滿的蔬菜 2 可以從大片的落地窗眺望雄壯的富士山景色 3 漢堡排也使用了香氣濃郁的香草

在休閒的氣氛中享用
風味十足的地中海美食

地中海食堂 perro ちちゅうかいしょくどうペロ

富士山就近在眼前的閑靜店內，可以品嘗到使用當季食材烹煮而成的地中海佳餚，加入西班牙產橄欖油的餐點風味十足，口味清爽。可以攜帶愛犬一起入內用餐，餐廳也準備了寵物專用的菜單。

地中海菜 ☎0555-76-8658
⌂富士河口湖町河口2929 ⏰11:00～15:30、17:30～21:00（僅於夏季11:00～16:00、18:00～21:30）㊡週四（逢假日則營業）Ⓟ有 ‼巴士站オルゴールの森步行5分 MAP 19

```
MENU
蘋果與戈根佐拉起司披薩
1100日圓
日式手工可樂餅750日圓
```

1 推薦坐在看得到富士山的露台座 2 生火腿芝麻葉義大利麵1250日圓

餐點口味與氣氛
都令人彷彿置身法國的小餐館
キャフェ ドゥ ブローニュ

散發出溫馨氣氛的法式小餐廳，餐點採用精挑細選的食材製作而成，口味道地，有如法國人每天在吃的家常菜，簡單卻吃不膩。麵包與蛋糕都是餐廳自製，下午茶也可在戶外座位享用。

法國菜 ☎0555-73-3236
⌂富士河口湖町船津5521-2
🕐10:00～21:00（週日為12:00～）㈭週三、第3週二（8月第3週二營業）Ⓟ有 🍴富士急行河口湖站車程10分 MAP 17 D-3

```
MENU
午餐1242日圓～
晚餐2268日圓～
```

❶十分適合享用下午茶的戶外座位
❷提供數種不同菜色以供選擇的午間套餐1100日圓～

可挑選新鮮食材
享用客製化的美味
CUISINE R キュイジーヌアール

氣氛讓人安心放鬆的隱密小餐館，餐廳的黑板上寫滿了當日的推薦食材與菜色。選擇食材後可以和主廚商量，烹調方式、調味、份量等都可以配合客人的喜好烹煮。

小餐館 ☎0555-72-8776
⌂富士河口湖町船津288-1 大橋通テナント 2F 🕐18:00～24:00 ㈭週二、第1週一 Ⓟ有 🍴巴士站大木即到 MAP 19

```
MENU
當季蔬菜盤1000日圓
香烤鴨胸肉2200日圓
肋眼牛排佐剝山椒紅酒醬2500日圓
```

❶店內有吧檯座與餐桌座
❷香煎千葉產角仔魚佐核桃風味醬汁1600日圓
❸烤乳鴿佐鴿肝紅酒醬2000日圓

河口湖多數餐廳僅提供全餐的菜單，就是希望用餐的人可以放慢腳步調，細細品嘗。

河口湖附近才嘗得到的鄉土料理
熱呼呼又營養滿分的餺飥

營養豐富的餺飥（ほうとう）是加入南瓜、白蘿蔔、紅蘿蔔、菇類等
大量蔬菜，搭配寬麵一起煮成的溫和風味菜。
不妨一起來享用這道讓身心都溫暖起來的鄉土料理。

湯頭
一般多使用牲畜、海產熬煮湯頭，再以味噌調味。各店也因選用的味噌與調配比例而激發出不同特色的美味。

配料
以當季蔬菜為主，其中不可或缺的配料是南瓜，南瓜的甜味會融入湯頭，相當美味。

獨樹一幟的餐廳外觀相當引人注目，從店內的某些角落可以看到富士山

麵
使用和入小麥粉製作的自製手打扁麵。特色為麵條不事先燙過，將生麵與湯頭一起熬煮。

不動餺飥1050日圓

在具設計感的餐廳品嚐講究的餺飥

名物ほうとう不動 東恋路店
‖河口湖‖めいぶつほうとうふどう ひがしこいじてん

「ほうとう不動」的第4間分店，以雲為造型的餐廳外觀十分獨特。基於老闆堅持「將餺飥的美味完整傳達出來」的理念，餐廳只提供一種菜單。凝聚了海鮮與蔬菜精華的湯頭堪稱一絕，吃了以後身體會由內而外溫暖起來。

☎0555-72-8511 ⌂富士河口湖町船津東恋路2458 ⌚10:30～20:00(麵條售完即打烊) 圏無休 P有 ‼富士急行線河口湖站車程7分 MAP 17 D-3

餺飥(ほうとう)的起源？
據傳甲斐的武將武田信玄為了贏得戰爭，曾將餺飥作為軍中伙食，直到江戶時代才廣為流傳，成為一般民眾也吃得到的食物。吃了以後渾身暖呼呼，非常舒服。

河口湖新名產河童飯（かっぱめし）也備受矚目
河童飯的名稱取自流傳於河口湖的河童傳說，是
當地特有的美食，基本上是在熱騰騰的白飯上放
上醃小黃瓜與山藥，河口湖附近約50家餐廳都可
以品嘗到這道料理。

熱騰騰的料理就在眼前
店家自製味噌造就美味

庄屋乃家
‖河口湖‖ しょうやのいえ

位於國道139號沿線的餺飥餐廳，店內有寬闊的和室座位，每張餐桌都備有爐子，可以一邊煮餺飥鍋一邊享用。發酵時間長達3年的手工味噌是好味道的關鍵所在。

☎0555-73-2728 🏠富士河口湖町小立3959-1 ⏰11:00～20:30 休無休 P有 🍴富士急行線河口湖站車程10分 MAP 16C-3

上／庄屋鴨肉餺飥鍋1人份1620日圓（照片為2人份） 下／可以在和式座或桌椅座慢慢用餐

在餺飥專賣店
品嘗鄉土料理

甲州ほうとう 小作 河口湖店
‖河口湖‖ こうしゅうほうとうこさくかわぐちこてん

這家溫馨又具民俗風格的餐廳，提供約10種口味的餺飥。招牌的南瓜風味餺飥，是純樸又深具層次的溫潤口味。使用紅豆湯底的紅豆風味餺飥則是很受女性喜愛的一道甜點。

☎0555-72-1181 🏠富士河口湖町船津1638-1 ⏰11:00～20:45(12～3月為20:15) 休無休 P有 🍴巴士站役場入口步行7分 MAP 19

上／紅豆風味餺飥1150日圓 下／民俗風格裝潢溫馨的店內

使用7種中藥材
讓身體由內而外充滿活力

レストラン ことぶき
‖精進湖‖

位於精進湖畔的日式與西式餐廳。有名的餺飥料理中，特別推薦藥膳餺飥、冰鎮青竹餺飥。也有辣味鹿肉咖哩等野味菜色。

☎0555-87-2303 🏠富士河口湖町精進1049 ⏰9:00～18:30 休週二不定休(12～4月為週二休) P有 🍴巴士站精進即到 MAP 附錄富士山周邊MAP

上／藥膳餺飥1680日圓 下／天氣晴朗的日子可以坐在露台座慢慢享用

甲州ほうとう 小作所供應的1150日圓紅豆餺飥，是較接近甜點而非正餐的口味。

在茅草屋聚集的村落
體驗自己動手做的樂趣

西湖溫馨之鄉 根場有許多茅草屋比鄰而建，
這裡可以觀摩工匠創作與親子製作日式小玩意兒。
不妨來此細細品味以富士山為背景的昔日懷舊風景吧。

整個繞上一圈 **120分**

在茅草屋頂的古民宅林立的
聚落中悠閒散步，興之所至
就來體驗製作繭人偶、香袋
等。也有推薦在可以品嘗鱒
魚的餐飲店用午膳。

建議時段

優雅的
絲質觸感

大石紬と布の館
おおいしつむぎとぬののやかた

館內有山梨縣鄉土傳統工藝品大
石紬的介紹，也能體驗製作繭人
偶，也有販售特產品與日式小玩
意兒的區域。

體驗 ☎0555-25-6131

使用蠶繭的製作體驗
簡單易上手

用繭製作動物 500日圓～
需時20分 將蠶繭剪開、相黏，來
製作可愛的動物。

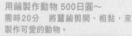

展示大石紬的商店瀰漫著溫馨樸實的工藝氣氛

用自己製作的
明信片寫信

紙屋 逆手山房
かみやさかてさんぼう

可體驗日本的傳統工藝，手工製
作和紙、明信片、使用天然材料
將和紙染色。獨一無二的原創作
品別具一番風味。

體驗 ☎090-3342-3815

手工明信片 800日圓
需時90分
使用古時候的造紙道具與原料製
作6張手工明信片。

可以手工製作或
購買原創的手工
和紙

色彩繽紛又可愛的
人偶吊飾

ちりめん細工·つるしかざり
ちりめんざいくつるしかざり

店內展示著約100年前製作的珍貴
人偶吊飾與擺放人偶的層架。這
裡可以親手製作傳說中能夠驅邪
的「小猴」與貓頭鷹等小吊飾。

體驗 ☎090-6141-5859

推薦製作各式各樣
和風圖案的香包

桃子香包製作 1000日圓
需時40分
使用和服剩下的布料等輕鬆
體驗手作小吊飾。

一邊接受製作步驟的指導一邊體驗親手製作的樂趣

妝點鄉里四季的活動

四季都會舉辦不同的活動，如「女兒節」、「端午節」、「七夕」、「秋祭」等，不妨重拾童心一起感受樂趣。

富士山觀景點在這裡

連同茅草屋頂景觀仰望富士山

ふじみ橋附近是眺望富士山最美的觀景地點，尤以清晨與傍晚看見富士山的機率較高。

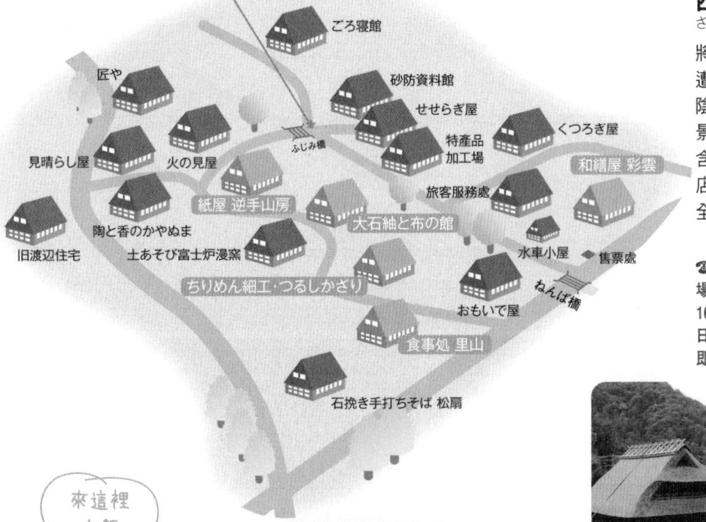

ごろ寝館
匠や
砂防資料館
せせらぎ屋
ふじみ橋
くつろぎ屋
特產品加工場
見晴らし屋
火の見屋
和繕屋 彩雲
紙屋 逆手山房
旅客服務處
大石紬と布の館
陶と香のかやぬま
旧渡辺住宅
土あそび富士炉漫窯
水車小屋
售票處
ちりめん細工·つるしかざり
ねんば橋
おもいで屋
食事処 里山
石挽き手打ちそば 松扇

重現故鄉的原始風景

西湖溫馨之鄉 根場

さいこいやしのさとねんば

將1966（昭和41）年因颱風災害而遭到破壞的聚落，歷經40多年的光陰重建而生的「懷念故鄉的原始風景」。村落中共有20間茅草屋，包含有各式各樣體驗的體驗館、餐飲店、資料館、休息處等，設施相當齊全，可玩上一整天。

☎0555-20-4677 富士河口湖町西湖根場2710 ⏲9:00～17:00（12～2月9:30～16:30）休無休（12～2月週三休）¥350日圓 P有 巴士站西湖いやしの里根場即到 MAP31

可一望富士山的溫馨之鄉呈現了日本最原始的風貌

來這裡吃飯

晴天可以觀賞美麗的富士山

和膳屋 彩雲

わぜんやさいうん

這家餐飲店能一面眺望富士山景緻，一面享用吃得到季節風味的鄉土料理。除了不能錯過的主角餺飥，還有濃醇的芝麻布丁、餡蜜等店家引以為傲的甜食。

茶館 ☎080-8477-1670

おもてなし御膳“大満足”1500日圓

可從店內遠望富士山

滿滿都是當地食材

食事処 里山

しょくじどころさとやま

可品嘗故鄉滋味的餐飲店中有鄉村料理、餺飥、手工烏龍麵等菜色，種類齊全。夏天則推薦餺飥涼麵與烏龍涼麵。

茶館 ☎090-1216-3349

讓身體由內而外溫暖起來的餺飥套餐 1200日圓

一年會來好幾次的人可以購買方便的全年入場券2500日圓，在旅客服務處購買當天起一年內有效，出示全年入場券一次最多可供2人入場。

揭開富士山的神秘面紗
青木原樹海導覽行程

廣布於富士山西北山麓的青木原樹海，是飽藏大自然奧妙與感動的寶庫。不妨到此探訪火山熔岩遺跡以及小動物們的足跡。

整個繞上一圈
120分

建議時段

推薦入門者不需預約就可以參加的定時導覽行程，所需時間50分，導覽行程會介紹西湖蝙蝠穴周邊。從河口湖站搭乘懷舊巴士即可抵達。

小·小·旅·程·提·案

預約導覽行程 需時120分 MAP 31

1 西湖蝙蝠穴服務處
到樹海散步前可到這裡蒐集周邊資訊，十分便利。

2 西湖蝙蝠穴
富士山腳下最大的洞窟，這個神秘的世界訴說著富士山爆發的故事。

3 野鳥飲水處
被原始林木覆蓋的樹海中有各種各樣的動植物。

4 根場濱
位於西湖的西邊，有湖面襯托的富士山美不勝收。

5 西湖溫馨之鄉 根場
有傳統工藝的體驗課程，還有餐飲店、資料館等體驗設施。➡ P.29

1 松鼠或貂會在視野開闊的樹木餐桌上享用食物 2 松鼠吃過的松果變得像炸蝦一樣 3 洞窟有些地方上方岩壁較低，小心不要撞到頭 4 有時還會遇見動物。光是觀察牠們的足跡也很有趣

可搭乘便利的懷舊巴士從河口湖出發

西湖周遊懷舊巴士從河口湖站發車，行駛至西湖コウモリ穴巴士站需時34分。

¥ 優惠套票（2天內自由搭乘）1200日圓

🕊 到這裡報名

西湖蝙蝠穴服務處 さいこコウモリあなあんないじょ

申請進入蝙蝠穴與報名自然導覽行程都是在這裡，非常適合作為散步的據點。

☎ 0555-82-3111 ⏰ 3月20日～11月，9:00～17:00 🈺 開放期間無休
¥ 導覽費用1人1小時500日圓
🏠 富士河口湖町西湖2068 Ⓟ 有
🚻 巴士站西湖コウモリ穴即到
MAP 31

西湖野鳥之森公園
さいこやちょうのもりこうえん

可以邊聽野鳥鳴唱一邊悠閒遊逛的公園。

想更深入了解的人可以報名「預約導覽行程」

最晚於參加兩天前註明日期、時間、人數資訊，向西湖蝙蝠穴服務處報名。1小時500日圓（僅接受2人以上預約），可按照自己的喜好安排行程。

⑤ 西湖溫馨之鄉 根場 P.29-30

西湖いやしの里根場

步行15分

河口湖→

21

西湖野鳥の森公園

④ 根場濱

步行15分

西湖

西湖樹冰祭 P.69

21

野鳥飲水處 ③

步行20分

西湖コウモリ穴

西湖民宿

河口湖

御殿庭

青木原樹海 P.30

西湖民宿村

朝霧高原

① 西湖蝙蝠穴服務處 P.30
西湖蝙蝠穴

竜宮洞穴

竜宮洞穴

710

富岳風穴

步道
懷舊巴士
（西湖溫馨之鄉根場～
西湖蝙蝠穴需時15分）

139

富士Panorama Line

河口湖IC

N

0 —— 350m

周邊圖 ●附錄富士山周邊MAP

森林中或許會與許多野生鳥類不期而遇
→散步前先去西湖蝙蝠穴服務處

紅葉台休息區
こうようだいレストハウス

在將富士山及樹海遼闊風景盡收眼底的瞭望台，欣賞360度的雄壯景觀。

若有熟悉樹海的自然導覽員隨行會更有趣

富岳風穴
ふがくふうけつ

全長約200公尺的長型洞窟，熔岩平台與冰柱營造出神秘感。

被列入天然紀念物的熔岩洞窟，洞穴裡的熔岩鐘乳石散發神秘氣息

鳴澤冰穴
なるさわひょうけつ

全年被冰覆蓋的環狀直立形洞穴，已列入日本的國家天然紀念物。

洞穴內全年平均氣溫只有3度

樹海中從貂、松鼠、野鳥到苔類、針葉樹，共有超過210種各式各樣的動植物在此棲息。

西湖／青木原樹海導覽行程

坐進摩登復古的車廂
隨著富士登山電車搖晃前進

木質風格裝潢瀰漫著懷舊氛圍的富士登山電車，
有紅富士與藍富士列車行駛其間，充滿摩登復古氣息，
不妨坐在車廂中欣賞富士山的景色，來趟與眾不同的電車之旅。

觀景席
將座位面對窗戶設置，讓乘客可以觀賞車窗外的風景。

對向席
面對面的座位中間設置了可摺疊式餐桌，吃便當時非常方便。

圖書館
車廂內設置了圖書區，放有關於富士山與鐵路的書籍，可以在車上慢慢閱讀。

駕駛席後方設有可觀賞富士山的圓窗

紅富士

展示空間
展示在車內銷售的原創商品與鐵路沿線的工藝品。

觀景長椅
長椅無論是靠背或是椅面都描繪出優美的曲線。

嬰幼兒圍欄
讓嬰幼兒也可以安全地觀看窗外風景的貼心設計。

藍富士

車廂內也有販賣商品

富士登山電車

詢問處:☎0555-22-7133(富士急行線 富士山站)
預約電話:☎0555-73-8181(富士急客服中心)
※搭乘14天前開始接受預約 ●行駛區間:富士急行線 大月~
河口湖站 ●所需時間:約55分 ●班表:1天來回2班(週四停
駛,有時會因車廂定期檢查而停駛)

這張車票就是

上車時須出示水戶岡銳治所設計的車票
搭乘時除了一般的車票,還必須出示200日圓的富士登山電車車票。車廂內座位人數固定,如果想搭乘最好事先預約。

如何前往搭乘富士登山電車

前往大月站以在JR新宿站搭乘特急スーパーあずさ、特急かいじ最方便。週六日、假日時還會加開只需要乘車券即可搭乘的ホリデー快速富士山。

富士山門戶「富士山站」的景點

紅色大鳥居

富士山站正面有一座巨大的紅色鳥居，加深做為富士山門戶的印象。

眺望富士山的觀景台

第2、3月台的觀景台設有特等席，坐下便能正好欣賞富士山

獨創車票

剪票後車票的缺口會呈現富士山的形狀，還販賣多種紀念車票。

富士山美食＆商品

可去逛逛車站內的「富士山鯛魚燒」或「富士山屋」，以及與車站相連的大樓Q-STA，選購富士山主題的美食與商品。

河口湖・富士吉田／搭乘喀登喀登的富士登山電車

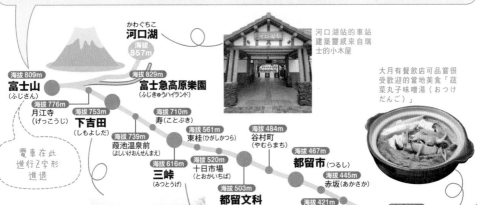

かわぐちこ
河口湖
海拔 857m

河口湖站的車站建築靈感來自瑞士的小木屋

海拔 809m
富士山
（ふじさん）

海拔 829m
富士急高原樂園
（ふじきゅうハイランド）

海拔 776m
月江寺
（げっこうじ）

海拔 753m
下吉田
（しもよしだ）

海拔 710m
寿（ことぶき）

海拔 739m
葭池溫泉前
（よしいけおんせんまえ）

海拔 561m
東桂（ひがしかつら）

海拔 484m
谷村町
（やむらまち）

大月有餐飲店可品嘗很受歡迎的當地美食「蔬菜丸子味噌湯（おっけだんご）」

電車在此進行Z字形進退

海拔 616m
三峠
（みつとうげ）

海拔 520m
十日市場
（とおかいちば）

海拔 467m
都留市
（つるし）

海拔 503m
都留文科
大學前
（つるぶんかだいがくまえ）

海拔 445m
赤坂（あかさか）

海拔 421m
禾生（かせい）

海拔 358m
上大月（かみおおつき）

海拔 392m
田野倉（たのくら）

おおつき
大月
海拔 358m

可欣賞富士山的四季景色

下吉田站的天花板有將葛飾北齋的「睍視八方鳳凰圖」加以改編的畫作

JR中央線

位於三峠站〜壽站間的「がんじゃ平交道」是攝影的絕佳地點，可拍攝以富士山為背景的電車照片

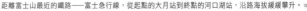

距離富士山最近的鐵路——富士急行線，從起點的大月站到終點的河口湖站，沿路海拔緩緩攀升。

© 2015 Gullane (Thomas) Limited.

搭乘高速巴士就能輕鬆抵達 **A**

C 還有賣湯瑪士小火車的雞蛋糕

可以從上空俯瞰富士山的
遊樂設施

E 富士飛行社

B

從來沒有想過富士急樂園到這些地方的距離

富士Q 229步
Fuji-Q

屋久島 999km
Yaku-Shima

長万部 888km
Oshamanbe

江戶 150年前
Edo

カムイワッカ 1234km
Kamui-Wakka

F 在富士山美術館看到的富士山

可以遇到這般風景

富士急高原樂園
小小旅行
相簿

以高飛車和Fujiyama、DODONPA等
多種雲霄飛車設施而聞名的
人氣遊樂園。
如果帶著相機來到這裡
便能拍下這些風景喔。

A高速巴士從新宿站發車直達富士急高原樂園，還有湯瑪士巴士呢

B抵達富士急高原樂園後馬上就會看到這個看板

C剛出爐的熱騰騰雞蛋糕最美味，6個300日圓

D名符其實的雲霄飛車之王，魅力十足

E能以五官感受富士山的富士飛行社

F富士山美術館所販賣的富士山紙鎮2270日圓～。售價因大小而異，2270日圓、2880日圓、3090日圓

G位於樂園內的巴士站牌，這裡有車可以前往ふじやま溫泉

富士急的招牌 **D**
絕對是Fujiyama啦

G 在富士急高原樂園內
發現巴士站牌

H 堆高的白飯呈現富士山形狀的富士山咖哩，售價980日圓
I 富士急高原樂園度假飯店內的餐廳FUJIYAMA TERRACE看得見富士山
J 俯衝角度121度的高飛車
K 色彩繽紛可愛的「Le Restaurant de Gaspard et Lisa」位於富士急高原樂園度假飯店內
L 入口開始就強調恐怖感的戰慄迷宮
M 在Le Restaurant de Gaspard et Lisa享用外觀可愛的甜點
N 位於富士山美術館內的咖啡廳，可以享用到自製甜點和季節限定的飲料

俯衝角度
非比尋常的高飛車

J

可愛的甜點
吃下肚真有些可惜 M

K 能沉浸在屠莎與卡斯柏世界裡
的咖啡廳

N 在富士山美術館內的
咖啡廳小歇一會

堆高的白飯
看起來就像富士山 H

從飯店的餐廳欣賞富士山 I

L

驚悚氣圍十足的
戰慄迷宮入口

富士急高原樂園
ふじきゅうハイランド
☎0555-23-2111 ⚐富士吉田市新西原5-6-1 ⏰9:00～17:00（週六日、假日～18:00，依時期而異）㊡不定休（8‧9‧3月無休）¥1400日圓（通行護照5200日圓）🚌富士急行線富士急樂園站即到 MAP 17 E-3

富士山美術館
☎0555-22-8223 ⏰10:00～17:00（依時期而異）㊡不定休 ¥1000日圓 MAP 17 E-3

ふじやま溫泉 MAP P.85

富士急高原樂園度假飯店
☎0555-22-1000 ⏰IN15:00、OUT12:00 ¥單人房13000日圓～、雙床‧雙人房26000日圓～ 🚌巴士站富士急ハイランド即到 MAP 17 E-3

造訪富士吉田的能量景點
在令人懷念的小巷弄中漫步

月江寺一帶的街角和小巷弄中還保有「昭和」的舊時氛圍。
漫步過令人懷念的街道，前往北口本宮富士淺間神社。
走上杉木與生苔石燈林立的參道，參拜神明。

整個繞上一圈
180分

在月江寺站一下車，就可以感受到濃濃的昭和氛圍。一面瀏覽復古的招牌一面漫步後，可以到咖啡廳小憩。穿過金烏居就是北口本宮富士淺間神社。

建議時段

在彷彿穿越時空般的街道中流連

展示著舊唱片的まつや茶房與店貓

沉醉於昭和時代的懷舊氣氛中 到月江寺一帶散步

下吉田的絹屋町距離甲斐絹的產地很近，昭和30年代曾以紡織產業為中心，店鋪林立，形成紡織市集，一片繁榮。當時的月江寺通與西裏通聚集了一些紡織業者，相當熱鬧。雖然在50年代隨著日本纖維產業衰退而逐漸沒落，現今仍保留了當時的風情。盡情散步後可以前往兩旁杉木林立的參道，到淺間神社參拜神明。

悠閒地在咖啡廳小憩

在老房子咖啡廳度過閒暇時刻
カフェ月光 カフェげっこう

由大正時代晚期的老房子改建而成的咖啡廳，提供無農藥栽培的咖啡豆所沖泡的月光特調咖啡500日圓，以及手工蛋糕等。

咖啡廳 ☎0555-28-7277
🏠富士吉田市下吉田3-12-11
🕐12:00～18:30 休週二、三
🅿無 🚶富士急行線月江寺站步行7分
MAP 37

南瓜口味的楓糖起司蛋糕430日圓

從本町通轉進月江寺通就到了

彷彿回到家一般讓人懷念的沉穩氛圍
まつや茶房 まつやさぼう

咖啡廳是由從前的木屐店翻修而成，店內擺放著日式矮桌，店貓小鐵、小梅、小蝦嬉遊其中。這裡可享用濃醇的咖啡與蛋糕。

咖啡廳 ☎0555-22-5185
🏠富士吉田市下吉田3-13-6
🕐10:00～19:00 休不定休（有臨時休）🅿無
🚶富士急行線月江寺站步行7分 MAP 37

蛋糕與咖啡的套餐800日圓

讓人忘卻時間想一直待下去的空間

每年8月26、27日舉行的火祭

吉田的火祭、芒草祭在舉行當天，被稱為「お山さん」的神轎會從神社出發，到達定點後，眾人將約70根高約3公尺的巨大火炬點火，著火的巨大火柱綿延達2公里，相當壯觀。 `MAP`37

金鳥居 かなどりい

鳥居矗立於被稱為「富士道」的國道139號上，這條路通往北口本宮富士淺間神社。將富士山收於畫框內的景觀，也可說是信仰之山富士的代表性風景。

欣賞富士山的絕佳景點

鳥居 ☎0555-21-1000(富士吉田觀光振興服務) ⌂富士吉田市上吉田 ⌚自由參觀 Ⓟ無 ‼富士急行線富士山站即到
`MAP`37

北口本宮富士淺間神社 きたぐちほんぐうふじせんげんじんじゃ

富士山信仰的中心，也是富士山吉田口登山道的起點。杉木並立的祥和寧靜參道盡頭是日本最大的木造鳥居，富士山大鳥居。被列為國家重要文化財的正殿等神社建築比鄰而立，全境皆被指定為國家史蹟，瀰漫著一股莊嚴肅穆的氣氛。

神社 ☎0555-22-0221 ⌂富士吉田市上吉田5558 ⌚祝禱受理時間9:00～16:30 Ⓟ有 ‼巴士站淺間神社前即到 `MAP`37

↑購買美麗御守700日圓讓自己更加美麗
↗穿過大鳥居進入參觀
→聳立於拜殿前的巨大杉木

富士吉田MAP

淺間茶屋 せんげんちゃや

位於淺間神社境內的餐飲店，可享用餺飥與吉田烏龍麵等鄉土料理。餐點使用簽約農家栽培的有機蔬菜與國產小麥製成的手工麵條等，對於食材相當講究。

茶館 ☎0555-30-4010 ⌂富士吉田市上吉田5562-7 ⌚11:00～18:00 休無休 Ⓟ有 ‼巴士站淺間神社前即到 `MAP`37

南瓜餺飥1130日圓

炸蝦烏龍麵825日圓

富士吉田／在令人懷念的小巷弄中漫步

北口本宮富士淺間神社的紅色大鳥居是相對富士山而建，高達17.7m，是日本最大的木造鳥居。

在民宅品嘗樸實好滋味
在地美食・吉田烏龍麵

富士吉田市內有60家以上供應在地美食的餐飲店，
這些店家沒有華麗的招牌，民宅的和室就是用餐空間。
不妨來此一同品嘗樸實的在地好味道——吉田烏龍麵。

辣醬
由芝麻、山椒、辣椒等製成的調味料，各店獨特的辣味為烏龍麵畫龍點睛。

配料
高麗菜是固定的配料，與有嚼勁的烏龍麵十分搭調，其他還有炸豆皮、馬肉、蔥、紅蘿蔔等。

麵
使用較粗、有咬勁與韌性的麵條，小麥的好味道鎖在麵中，越嚼越美味。

烏龍湯麵(中)400日圓

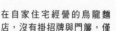

極致美味的現做麵條
烏龍麵愛好者認證的名店

白須うどん
しらすうどん

在自家住宅經營的烏龍麵店，沒有掛招牌與門簾，僅以店門外的長長人龍與狸貓雕像作為指標。菜單只提供「湯麵」與「沾麵」，採自助式服務，在民宅的和室用餐也是這裡才有的體驗。麵的嚼勁、川燙高麗菜、口味清爽的湯汁將吉田烏龍麵的精髓發揮到極致，在當地獲得相當高的評價。

☎0555-22-3555 ⌂富士吉田市上吉田3296-1 ⏰11:30～14:00
（售完即打烊） 困週日 🅿有 🚶富士急行線富士山站車程10分
MAP 37

吉田烏龍麵是怎麼樣的烏龍麵？
富士吉田自古以來就有在結婚典禮等喜慶節日吃烏龍麵的風俗習慣，據說當時由於女性忙於養蠶與織布，所以烏龍麵就由男性來製作，粗而富有嚼勁的麵條因而誕生。麵條越嚼越有小麥香，這也是吉田烏龍麵最大的特色。

吉田烏龍麵變身零嘴

麵'ズ冨士山還推出將碎切烏龍麵酥炸後加以調味而成的花林糖（かりんとう），有味噌、辣味、砂糖等各種口味。

店家引以為傲的豐富配料與嚼勁十足的麵條

大份烏龍麵590日圓
（欲ばりうどん）

麵許皆伝
めんきょかいでん

味噌、醬油底的微甜湯汁與口感Q彈的麵條非常搭調，店內的開放式廚房可以看到老闆熟練煮麵的豪邁身影。配料份量十足的大份烏龍麵相當受歡迎。

☎0555-23-8806 ⌂富士吉田市上吉田849-1 ⌚11:00～14:00（售完即打烊）㊡週日 ¥天麩羅烏龍麵440日圓、冰鎮烏龍麵440日圓 Ⓟ有 ‼富士急行線富士山站步行10分 MAP 37

↑在寬敞的和室細細品味

第一次吃也能輕易接受順口麵條為一大特色

富士山烏龍麵670日圓
（富士山うどん）

吉田うどん 麵'ズ冨士山
よしだうどんめんズふじやま

由製麵廠經營的烏龍麵店，這家店供應的自製烏龍麵粗細中等，吃起來十分順口，即使第一次吃也能立刻接受吉田烏龍麵的特色。菜單選擇多元豐富。

☎0555-24-1608 ⌂富士吉田市上吉田熊穴4419-6 ⌚11:00～14:00 ㊡週二（逢假日則營業）¥烏龍湯麵（中）370日圓，豬肉烏龍麵（中）470日圓 Ⓟ有 ‼富士急行線富士山站車程6分 MAP 17 E-4

↑採自助式服務的隨興小店

自製味噌與辣醬是美味關鍵

馬肉金平牛蒡烏龍麵700日圓
（肉きんぴらうどん）

開花
かいか

供應吉田烏龍麵中較少見的味噌風味，味噌使用發酵1年半的自製味噌。上面擺著大受歡迎的馬肉與牛蒡的馬肉金平牛蒡烏龍麵，加上手工辣醬後有畫龍點睛的效果。

☎0555-23-5715 ⌂富士吉田市下吉田6110 ⌚10:00～售完即打烊 ㊡週二（逢假日則營業）¥烏龍湯麵（中）450日圓，烏龍沾麵（中）450日圓 Ⓟ有 ‼富士急行線壽站步行5分 MAP 17 F-2

↑由親切又爽朗的夫婦所開設的店

富士吉田市觀光服務處可索取吉田烏龍麵地圖，上頭刊登約60間烏龍麵店。

在河口湖・富士吉田尋找
可當作伴手禮的民藝品與美食

只有這裡才買得到的地方美食與傳統技藝。
孕育自富士山腳下的土地、融入當地的食材與文化，
就來購買這些逸品作為伴手禮吧。

1 利用嚴選素材製成 別無分號的布丁

（右）河口湖布丁324日圓、
（左）富士布丁378日圓／
河口湖布丁充分發揮了富士
巅牛乳的風味，口味清爽不
膩。富士山布丁的上層代表
富士山的積雪，焦糖部分可
嘗到葡萄酒的風味

2 不使用添加物的 天然酵母麵包

司康（原味・紅茶・巧克力）
230～280日圓／使用大量的鮮奶
油，以濕潤質地為特色

堅果巧克力280日圓／
使用大量全麥麵粉製作，
是店內最受歡迎的麵包，
白巧克力的甜味與核桃的
口感是絕佳組合

3 使用自製天然酵母 大受歡迎的麵包

堅果巧克力（棒狀）180日圓／
白巧克力與核桃的口感極佳，非常受歡
迎，切片稍微烤一下後外皮酥脆，中心則
會流出融化的巧克力

砧發酵10日麵包（右後方）560日圓／
將取自葡萄的葡萄籽發酵10天製成，是
店裡的招牌，也是越嚼越美味的成熟風
味麵包

1
ラ・ヴェルデュール木村屋
‖河口湖‖ラヴェルデュールきむらや

佇立於靜謐森林中的西點店。口味樸
實的手工蛋糕，以及將食材風味發揮
到極致的布丁很受歡迎。也可在店內
享用。

🍰 西點 ☎0555-73-1511
🏠富士河口湖町船津2547-3 🕙10:00～
20:00（11～3月～19:00）休週二（逢假日
則翌日休）P有 ‖富士急行線河口湖站車
程5分 MAP17 D-3

2
湖畔のパン工房レイクベイク
‖河口湖‖こはんのパンこうぼうレイクベイク

隨時備有35種麵包，其中包含利用近
一週時間製作的自製天然酵母所烘焙
出來的麵包等產品。附設咖啡廳可將
河口湖與富士山景色盡收眼底。

🍞 麵包 ☎0555-76-7585
🏠富士河口湖町大石2585-85 🕙10:00～
17:00（咖啡廳10:00～16:00）休週三、第
2・4週四 P有 ‖巴士站河口湖自然生活
館即到 MAP18

3
パン工房砧
‖河口湖‖パンこうぼうきぬた

以天然酵母製作的濃醇風味麵包深具
人氣。砧發酵10日麵包、包有白巧克
力與核桃的堅果巧克力麵包（U字型
280日圓）是人氣商品。

🍞 麵包 ☎0555-76-7413 🏠富士河口湖町
大石310 🕙11:00～17:00 休週一～四
P有 ‖巴士站河口湖自然生活館步行5分
MAP18

在富士山站販售的富士山鯛魚燒

在富士山站剪票口旁候車室內販售的鯛魚燒。外皮酥脆、內餡飽滿的富士山形狀鯛魚燒，最適合需要解解饞的時候享用。 MAP 37

4 製作民藝品的工坊&店鋪

富士山不倒翁2000日圓／富士山造型的不倒翁，溫柔神情與圓滾滾的身體非常可愛

強力陶鈴各1000日圓／從前有群徒手將貨物搬上富士山而被稱為「強力」的人，為了讓更多人知道他們的事蹟而製作出表情逗趣的陶鈴

紅富士小姐（左）、藍富士先生（右）各1000日圓／以富士山為主題的紙糊人偶，柔和的色彩給人溫馨可愛的感覺

5 親手製作藍莓果醬的體驗活動大受歡迎

藍莓果醬500日圓～／可以親自採藍莓或製作藍莓果醬

甲州郡內竹籃750日圓～／使用富士山原生的篠竹編製而成的竹籃是地方的傳統工藝品

6 集結了最適合當作伴手禮的優良商品

イトリキカレー（調理包3入）1650日圓／可以在自家享用糸井重里讚不絕口的咖哩「イトリキカレー」，內含椰奶、印度、牛肉3種口味

---

4 つきや工房
‖富士吉田‖つきやこうぼう

以和紙等材料製作民藝品的工坊，開放參觀但需事先預約。這裡的民藝品可在「ふじよしだ街の駅 MAP 37」與「富士山美術館 MAP 17 E-3」買到。

民藝品 ☎0555-23-0141 ⌂富士吉田市新屋263 ◷10:00～17:00 ㊡不定休 ‼巴士站新屋公民館入口即到 MAP 37

5 河口湖自然生活館
‖河口湖‖かわぐちこしぜんせいかつかん

矗立於美麗的河口湖畔，這裡除了可以製作藍莓果醬，7月上旬～8月中旬還可以採藍莓（需預約），河口湖的伴手禮也一應俱全。

加工品 ☎0555-76-8230 ⌂富士河口湖町大石2585 ◷9:00～18:00（11～3月～17:30）㊡週五（6～8月無休，逢假日則營業）Ⓟ有 ‼富士急行線河口湖站車程15分 MAP 18

6 勝山休息站
‖河口湖‖みちのえきかつやま

建於河口湖南岸，從位在2樓的瞭望台看出去的視野極佳。除了當地食材之外，甲州郡內竹籠等工藝品、特產品等伴手禮也很齊全。附設有餐廳。

名產 ☎0555-72-5633（勝山休息站內販賣部）⌂富士河口湖町勝山3758-1 ◷9:00～17:00（依時期而異）㊡無休 Ⓟ有 ‼巴士站道の駅かつやま即到 MAP 18

河口湖自然生活館的果醬製作僅接受2人以上的預約，體驗費用每人850日圓。

眺望日本第一高的富士山
在河口湖的旅館悠閒住上一晚

若打算在河口湖周邊住上一晚，特別推薦能欣賞富士山美景的旅館。
在客房舒緩身心，到溫泉浴池好好放鬆泡湯，
沉浸在隨著四季與早晚變換風貌的富士山美景中。

1 可欣賞到宛如一整幅畫般的美景　**2** 晚餐宴席上擺滿了四季當令的食材　**3** 寬敞的和室特別舒適

1 頂樓露天浴池所看到的廣闊富士山麓與河口湖景色　**2** 從客房的陽台也可以盡情觀賞美麗的富士山　**3** 功能完善且具設計感的中央館客房

以露天浴池望見的富士絕景為傲

秀峰閣 湖月　しゅうほうかくこげつ

座落於富士山正對面的絕佳地點，所有客房都有大窗，可以眺見富士山美景。在露天浴池「黑富士」、「紅富士」一邊泡湯一邊遠眺富士山也是一種享受。部分客房有設置露天浴池或足湯。

☎0555-76-8888
🏠富士河口湖町河口2312
🕐IN15:00 OUT10:00　🛏45
🅿有　¥1泊2食20520～59400日圓　🚌富士急行線河口湖站車程12分　●提供接送服務（需預約）　MAP 19

費用專案

女性專案
1泊2食（2人1房）平日19950日圓～、假日前日23100日圓～
有不同花色浴衣可供選擇，附軟性飲料兌換券。這個特別限定專案提供於客房內用晚餐的服務（1房最多4人）。退房為11時。

天空浴池可將富士山盡收眼底

風のテラスKUKUNA　かぜのテラスククナ

以光、風、水為主題，帶給人遼闊感受的度假飯店，頂樓的全景景觀大浴場與露天浴池可以欣賞富士山與河口湖的絕佳景致。飯店提供多樣化的美容與按摩服務，讓房客得以度過美好假期，療癒身心。

☎0555-83-3333
🏠富士河口湖町淺川70
🕐IN15:00 OUT10:00　🛏64
🅿有　¥1泊2食20000～40000日圓　🚌巴士站湖山亭うぶや前步行3分　●提供接送服務（需預約）　MAP 19

費用專案

大地之塔專案
1泊2食（2人1房）
平日20000日圓～
下榻KUKUNA中央館頂樓樓層的西洋風日式客房。晚餐享用的是西式菜色為主的時尚創意料理和半自助餐。

1 建於河口湖湖畔的飯店
2 部分客房有設置露天浴池，溫泉引自河口湖溫泉

1 大片落地窗的開闊視野讓人忘了這裡是室內浴池
2 可從露天浴池眺望山坡地幅員遼闊的富士山

河口湖數一數二的綜合型飯店

富士湖酒店 ふじレークホテル

建於河口湖畔，是一座由嬰兒到老人都可以輕鬆利用的無障礙通用設計飯店。備有豐富設施，2015年4月更有

全新的露天浴池開幕，能在此享受度假氣氛。

☎0555-72-2209 ⌂富士河口湖町船津1 ⏰IN15:00 OUT 10:00 🛏75 Ｐ有 ￥1泊2食16200日圓〜 🚃富士急行線河口湖站步行10分 ●提供接送服務（需預約）MAP 19

費用專案
附設露天浴池的客房專案
1泊2食（2人1房）
平日23760日圓〜
設有通用設計式露天浴池的客房，可依喜好入住面對富士山或面對河口湖的房間，共有6種房型可供選擇。

所有客房皆可飽覽富士山風光的講究旅館

湖山亭うぶや こざんていうぶや

旅館建於河口湖首屈一指的景觀勝地——產屋崎，所有客房皆正對富士山的奢侈設計。泡湯館「碧」有露天浴池、按

摩浴缸、躺臥式溫泉、香草三溫暖等多元設備，是旅館引以為傲的設施。料理是充分運用當季食材的宴席料理。

☎0555-72-1145 ⌂富士河口湖町浅川10 ⏰IN14:00 OUT 11:00 🛏51 Ｐ有 ￥1泊2食23910〜36870日圓 🚌巴士站湖山亭うぶや前即到 ●提供接送服務（需預約）MAP 19

費用專案
慶祝紀念日2人限定專案
1泊2食(2人1房)平日26070日圓〜、假日前日32550日圓〜
當想以美食慶祝兩人的重要紀念日時，提供富士山與河口湖的壯大景觀就在眼前的窗邊座位專案，可以在此留下美好回憶。

由於是否能夠看到富士山還需端看天候狀況，也讓人不禁想每個季節都來造訪富士山呢。

在月江寺
遇見的貓兒
過著悠哉的生活。

山中湖 忍野

富士五湖中面積最大的山中湖，
海拔較高，夏季非常涼爽，而被視為避暑勝地。
忍野是富士山伏流水的湧泉地，
也以名水之鄉廣為人知，
在此可品嘗使用名水製作的蕎麥麵與豆腐等美食。
在涼爽的高原微風吹拂下，
沿著湖畔散步或騎自行車也是一種享受。

大略地介紹一下山中湖‧忍野

山中湖是富士五湖中面積最大的湖泊。
位於山中湖西北方的忍野地區
則以名水之鄉之名而廣為人知。

首先去哪裡好呢？

做好旅行的萬全準備&遊覽當地的實用資訊

到當地蒐集最新資訊

山中湖觀光協會位於山中湖畔（巴士站文學的森公園前旁），忍野村觀光協會則位於忍野村公所內，可到這兩處蒐集當地的最新資訊。

投幣式置物櫃

山中湖畔的旭日丘（森の駅）有置物櫃，費用200日圓～。不過置物櫃數量不多，有可能無法順利寄放行李。

善加利用周遊巴士

周遊巴士「富士湖號」以富士山站為起訖點，開往忍野‧山中湖方向。票價150日圓～（因區間而異），也有可不限次數搭乘的2日優惠票。

☎0555-72-6877（富士急山梨巴士）

富士湖號（ふじっ湖号）

以富士山站為起訖點，繞行忍野‧山中湖周邊的觀光景點。1天5班，從市立醫院前等地發車的區間車1天4班。特別因為開往山中湖北岸的路線巴士班次不多，而作為前往該地的方便交通工具。此外，平日與週六假日在班次、行駛路線上也有所差異，搭車前需作好事先確認。不限次數搭乘的2日優惠票，富士湖號全線使用的車票票價為1340日圓，限定山中湖‧忍野地區使用的車票票價1030日圓。兩者在富士山站的巴士售票窗口與富士湖號車上都買得到。

確認路線巴士的停靠站與時刻

若要前往周遊巴士沒有到的地方，或是周遊巴士的行駛時間無法配合行程時，可以搭乘路線巴士。路線巴士通常是以河口湖站或是富士山站為起點。

前往忍野八海

雖然主要的巴士站為富士湖號的忍野八海站，但也可能依據不同池畔而有其他更近的巴士站，務必多加確認。不過由於各個景點之間步行約20分即可到達，一面繞道前行也不至於太過辛苦。

河口湖
鳴澤
富士急高原樂園
富士急行　富士山站
富士吉田
139　正壽
泉瑞
富士淺間神社　鐘山
バイパス南
富士すばるランド
富士吉田
北富士演習場
富士吉田市
富士視

觀光服務處一覽

山中湖觀光協會
（巴士站文學の森公園前旁）
☎0555-62-3100

忍野村觀光協會（忍野村公所內）
☎0555-84-4222

小小清單check

☐傘
☐手機&相機電池
☐防曬乳液
☐礦泉水
☐零錢　etc…

富士山伏流水湧出之地

忍野八海 P.58

富士山的降雪
經長時間累積後
從這片土地湧出。
此地也被列為
名水百選之一。

御正体山

杓子山

都留市

不動湯

杓子山鑛泉

鳥居地峠

忍野村

忍野村觀光協會
(忍野村公所內)

忍野八海

忍野

道志

石割山

山伏峠

138

忍野5分

413

山中湖村

山中湖

胡神前
山中湖P

山中湖免費P

須走IC

山中湖觀光協會
(巴士站文学の森公園前旁)

旭日丘

三國峠

三國山

**富士五湖中最大
也是最高的湖**

山中湖 P.50

湖面海拔982公尺,
在富士五湖中
海拔最高。
南岸的旭日丘地區
是最熱鬧的地方。

流經忍野村的新名庄川以賞櫻名勝聞名,可同時欣賞富士山與櫻花的絕美景緻。

47

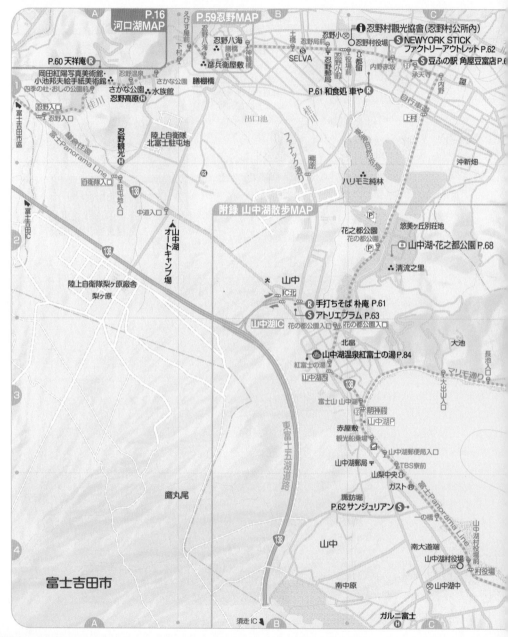

P.59忍野MAP

A B C

1

2

3

4

忍野村觀光協會（忍野村公所內）
NEWYORK STICK
ファクトリーアウトレット P.62
豆ふの駅 角屋豆富店 P.6

忍野小

忍野村役場

SELVA

忍野郵局

P.61 和食処 車や R

P.60 天祥庵 R

岡田紅陽写真美術館・
小池邦夫絵手紙美術館・
四季の杜・おしの公園前

忍野温泉

さかな公園

膳棚橋

さかな公園 水族館
忍野高原

富士吉田市區

忍野入口
忍野入口

忍野観光 H

富士Panorama Line

自衛隊入口 駐屯地入口

陸上自衛隊
北富士駐屯地

ハリモミ純林

山中湖
オートキャンプ場

中道入口

附録 山中湖散歩MAP

悠美ヶ丘別荘地

花之都公園
花の都公園

山中湖・花の都公園 P.68

清流之里

富士吉田IC

陸上自衛隊梨ヶ原廠舎
梨ヶ原

山中
IC北

手打ちそば 朴庵 P.61 R

アトリエブラム P.63 S

山中湖IC 花の都公園入口 花の都公園口

北畠

大池

山中湖温泉紅富士の湯 P.84

紅富士の湯

山中湖西

マリモ通り

富士山 山 山中湖

明神前

山中湖P

赤屋敷

観光船乗場

山中湖郵局入口

山中湖郵局

TBS寮前

山梨中央

ガスト

諏訪堀

P.62 サンジュリアン S

山中湖Panorama Line

一の橋

東富士五湖道路

鷹丸尾

山中

南大道端

山中湖村役場

富士吉田市

南中原

南中原

須走IC

ガルニ富士

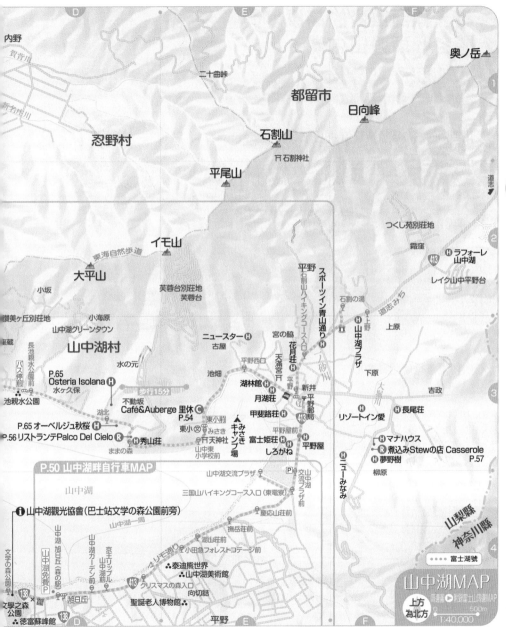

内野

賀背川

新名庄川

二十曲峠

都留市

忍野村

日向峰

石割山

石割神社

平尾山

東海自然歩道

イモ山

大平山

小坂

讃美ヶ丘別荘地

茂蔵

長池親水公園前

小海原

山中湖グリーンタウン

芙蓉台別荘地
芙蓉台

山中湖村

バス停前

池親水公園

P.65
Osteria Isolana
水ケ久保

水の元

湖北

不動坂
Café&Auberge 里休 C
P.54

歩行15分

P.65 オーベルジュ秋桜

P.56 リストランテPalco Del Cielo

秀山荘

ままの森

ニュースター
古屋

池畑

東小前

東小

みさき

山中東
小学校前

平野西口

湖林荘

月湖荘

甲斐路荘

富士姫荘

しろがね

みさき
キャンプ場

平野屋前

平野屋

つくし苑別荘地

霜窪

ラフォーレ
山中湖

レイク山中平野台

スポーツイン青山通り

平石割山ハイキングコース入口

平野

宮の脇

花月荘

天満宮下

新井

平野郵便局

石割の湯

上野

上原

山中湖プラザ

下原

吉政

リゾートイン愛

長尾荘

マナハウス

煮込みStewの店 Casserole
P.57

夢野樹

柳原

道志

道志みち

大洞川

P.50 山中湖畔自行車MAP

山中湖

山中湖觀光協會（巴士站文学の森公園前旁）

山中湖一周

文学の森公園

山中湖旭日丘（森の駅）

山中湖ガーデン

京王リップル

山中湖免費P

文學之森
公園

徳富蘇峰館

旭日丘

イモ割

泰迪熊世界

山中湖美術館

クリスマスの森入口

聖誕老人博物館

向切詰

山中湖交流プラザ

三国山ハイキングコース入口（東電裏）

麗応山荘前

撫岳荘前

湖山荘前

小田急フォレストコテージ前

山中湖
交流プラザ前

ニューみなみ

山梨縣
神奈川縣

富士湖號

山中湖MAP

富士箱根伊豆國立公園富士山周邊MAP

上方
為北方

1:40,000

500m

奥ノ岳

讓人神清氣爽的高原度假區
騎自行車遊山中湖

租借自行車的店家分散在湖畔各處，
環湖一周比較累人，下面介紹幾個適合輕鬆騎車的地方。
盡情感受清新舒爽的微風，騎著自行車玩遍各設施。

繞個環湖上一圈
🚲🏊 **4小時**
建議時段

遊覽山中湖時可以先去搭乘「白鳥湖」號，欣賞完湖上風光後再租借自行車，在清涼的微風吹拂下享受騎車環湖的樂趣。也很推薦去Dallas Village體驗手工製作，或到YAMANAKAKO NO KABA來趟水上兜風之旅。

1 山中湖的白鳥湖號遊覽船
やまなかこのはくちょうのみずうみ

飽覽山中湖與富士山風光的湖上漫步

繞行山中湖一圈的觀光船，可搭載180位遊客的「白鳥湖」號準備啟航，從旭日丘棧橋～山中棧橋～旭日丘棧橋繞一圈約35分。

觀光船 ☎0555-62-0130（富士汽船）
🏠山中湖村平野506-1
⏰9:30～16:15（依季節而異，需洽詢）
🈺天候不佳、結冰時休
💴湖上遊覽930日圓 🅿有
🚏巴士站旭日丘即到 MAP 50

繞行山中湖一圈的天鵝外型觀光船

位於旭日丘的自行車租借據點

2 山中湖自行車租借中心
やまなかこドライブセンター

山中湖的老字號自行車租借店

有登載越野車與城市車等種類豐富的自行車，共約100台可供出借，遊覽山中湖時非常方便。店家就在高速巴士的旭日丘站附近。

自行車租借 ☎0555-62-1068
🏠山中湖村旭日丘506 ⏰3月20日～11月30日，9:00～16:00（夏季～17:00）
🈺開放期間一～五（假日營業）💴1小時700日圓～、2小時1200日圓～、4小時1700日圓～、1日包車2500日圓～ 🅿有
🚏巴士站旭日丘步行5分 MAP 50

山中湖畔自行車MAP
周邊圖 ◑P.49
●●●富士湖號

山中湖
山中湖遊船

5 水陸兩用巴士「YAMANAKAKO NO KABA」P.51
1 山中湖的白鳥湖號遊覽船 P.50
2 山中湖自行車租借中心 P.50

クリスマスの森
入口
世泰迪熊
WC
旭日丘
PICA山中湖村 P.52
Hammock Cafe P.55
133

↑以驚人氣勢前進的YAMANAKAKO NO KABA

↑從窗戶看出去的美景也十分令人期待

↑在長池親水公園連同湖景眺望富士山

↑冬季時分有天鵝造訪的山中湖

3 山中湖攝影藝廊
やまなかこしゃしんギャラリー

攝影家富塚晴夫的藝廊

隨時展示約45幅依四季更迭風貌的美麗富士山攝影作品，會隨季節更換展品。

這裡總是可以看到富士山的壯麗景色

藝廊 ☎0555-62-1701
⌂山中湖村平野508-389 ⏰9:30～17:00 週三(7月20日～8月無休，有時會因攝影休館)
￥500日圓 Ⓟ有 ‼巴士站撫岳莊前步行15分 MAP51

冬季的活動也不容錯過

山中湖．花之都公園↦P.68在11月下旬～1月上旬會舉辦山中湖藝術彩燈節，滿天星斗與閃閃發光的燈飾競相比美，非常值得一看。

4 手工藝之鄉 Dallas Village
クラフトのさとダラスヴィレッジ

手工藝體驗活動多元豐富

這裡可以體驗吹玻璃、銀飾工藝、玻璃珠飾、陶藝等12種手工藝，輕鬆製作屬於自己的作品。附設餐廳。

體驗 ☎0555-62-2774 ⌂山中湖村平野479 ⏰10:00～18:00
週四(假日、黃金週、8．9月無休) Ⓟ有 ‼巴士站三國山ハイキングコース入口即到 MAP51

↑玻璃珠飾製作1個1440日圓起／吹玻璃體驗15分2720日圓起，圖中的富士山系列3690日圓

→也有販售週邊商品
KABA巧克力酥650日圓

5 水陸兩用巴士「YAMANAKAKO NO KABA」
すいりくりょうようバスヤマナカコノカバ

一邊濺起水花
一邊蜿蜒前進

陸上水中來去自如

遊覽山中湖的水陸兩用巴士，車內可以眺望富士山，設計清一色以河馬KABA為主，相當可愛。記得事先預約，享受一趟水上兜風之旅。

動物巴士 ☎0555-73-8181(預約專線) ⌂山中湖村平野506-296 富士旭日丘巴士總站 ⏱需時30分，1日5～6班運行 不定休(依季節而異) ￥2200日圓 Ⓟ有 ‼巴士站旭日丘即到 MAP50

地圖

山中湖交流廣場 Ⓟ
山中湖交流廣場
山中湖交流廣場
三國山プラザ前
山中湖交流プラザ
ハイキングコース入口
（東海道）

平野
撫岳莊前
慶応山莊前

湖山莊前

撫岳荘キャンプ場

P.51 手工藝之鄉 Dallas Village 4 →

Ⓒ PAPER MOON P.55
湖山莊露營場

P.64 CARO FORESTA ELFO Ⓗ

小田急山中湖フォレストコテージ
P.63 森のなかのソーセージやさん Ⓢ

P.51 山中湖攝影藝廊 3 →

山中湖美術館

向切詰

聖誕老人博物館

月見ヶ丘別莊地

步行20分

平野

步行20分

↓搭乘「白鳥湖」號遊覽湖上風光　↓可在露臺享受烤肉樂趣的Dallas Village　↓在Dallas Village製作屬於自己的作品　↓被夕陽染成深紅色的富士與山中湖

在山中湖攝影藝廊有機會可見到攝影家富塚晴夫，或許能探聽到不為人知的攝影小故事。

在PICA山中湖村
擁抱大自然度過一天

PICA山中湖村位於山中湖畔涼爽的森林中，
園區內有最適合在大自然中消磨時間的完備設施。
不妨到此享受富士山麓豐富的自然資源。

行程範例

第1天 12:00 🕐

抵達PICA山中湖村

首先前往靠近入口處的訪客中心，在此辦理住
房手續與預約工作坊體驗。還有FUJIYAMA
KITCHEN和販售有機商品的商店。

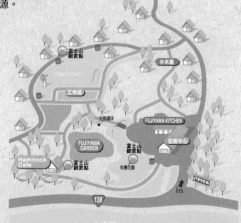

↑綠意盎然園區內的主要設施FUJIYAMA KITCHEN

12:30 🕐

在FUJIYAMA KITCHEN享用午餐

能品嘗富士山麓當令美味的餐廳，健
康的午餐拼盤擺滿了豐富的蔬菜，是
一道十分受女性歡迎的養生料理。

16:00 🕐

參加工作坊體驗

參加以"食"為主題的工作坊，接
觸在富士山麓的豐富自然中孕育的
食物與文化。使用村中的有機農
園、花園所種植的蔬菜、香草的工
作坊體驗相當受歡迎。

↑以香草製作香皂（需時90分，1000日圓）

↓摘取大黃製作果醬（需時90
分，1500日圓）

滿滿的蔬菜

↑季節義大利麵1300日圓～ 提供以當地生
產蔬菜為主的當令美食。也有平日限定的特
惠午餐全餐1900日圓

↑自製咖哩1100日圓 加入五
彩繽紛當季蔬菜的咖哩，香辛
料的香氣讓人食慾大開

↑製作天然酵母披薩
（需時90分，1500日圓）

18:00

在4種風格的
小木屋好好放鬆

除了附日式圍爐與烤肉設備
的度假小屋外，還有附狗狗
活動空間、可搖著吊床休息
的度假小屋等，房型種類繁
多。

↑在室內搖著吊床休息，
一邊享受閱讀的樂趣

←與大自然共度舒適愜意
的一天

17:00

在FUJIYAMA GARDEN餐廳享用晚餐

Grill & Beer FUJIYAMA
GRADEN提供瓦斯式的熔
岩烤爐，可在戶外烤肉，品
嘗山梨縣的特產肉品。
🕐4～11月、午餐、晚餐需事
先預約 困開放期間週二休

↑在舒適的露天座位享用烤肉

第2天 10:00

購買
精選有機商品
當作伴手禮

販售FUJIYAMA KITCHEN
所使用的食材及調味料等，
以及講究製程的香皂、有機
素材製作的毛巾等豐富商
品，可到訪客中心內的店鋪
購買。

↑有機食用亞麻仁油1945日圓

↑芥末醬等調味料各500日圓～

↑KUKSA（馬克杯）各3800日圓～

充滿童趣的隱密度假小屋

PICA山中湖村 ピカやまなかこヴィレッジ

根據5種主題設計的15棟度假
小屋林立於境內，有附日式
圍爐或可與愛犬一起度假的
狗狗小木屋等，園區內還有
餐廳FUJIYAMA KITCHEN及
Hammock Cafe。

❶有各種類型的度假小屋，可依
喜好選擇 ❷租自行車（1天
1600日圓）享受騎車樂趣

☎0555-30-4580（PICA預約
中心）⌂山中湖村平野506-
296 🕐IN14:00、OUT11:00
困週二（黃金週、暑假期間無
休，Hammock Cafe冬季停止
營業）園15棟 P有 巴士站
旭日丘即到 MAP50

費用方案

純住宿16500日圓～
度假小屋（1棟）16500日圓
起（最多4人），每多1人加
收1600日圓。狗狗度假小屋
1隻約收費1900日圓，第2隻
起每隻加收600日圓，最多容
納3隻。

工作坊體驗一覽〈例〉
●播種、插苗體驗 需時60分：800日圓
在村內的田地體驗依季節而異的農耕事務。
●採收暨製作薑汁汽水 需時90分：1500日圓
在田地採薑，親身體驗製作薑汁汽水。
●製作國家味噌 需時120分：1500日圓
十分熱門的體驗課程，可以自己動手製作美味的味噌。
●收集落葉烤地瓜 需時90分：1000日圓
收集園內的落葉，試著體驗道地的烤地瓜。
※活動會依季節而異，需向園方洽詢

山中湖畔的寧靜森林環繞
在咖啡廳度過優雅的時刻

因地處高海拔而夏季涼爽，瀰漫著避暑勝地氣息的山中湖。
佇立於從湖畔走進森林不遠處的咖啡廳，
可坐在露天座感受森林浴，一面享受精心製作的甜點。

與眼前一片山中湖景緻共度用餐時光

Café&Auberge 里休 カフェアンドオーベルジュりきゅう

山中湖的遼闊景觀就在眼前的咖啡餐廳，提供熱門的咖啡簡餐、吃一次便會上癮的富士山綠咖哩，以及義大利麵、比薩、魚類和肉類料理等。這裡同時也是一間也十分推薦的咖啡廳，可輕鬆造訪。

☎0555-65-7870 ⌂山中湖村平野2408-1 ⏰11:00～20:00
㊡無休（僅於2月週三休） Ⓟ有 🍴巴士站平野步行20分
MAP 49 E-3

❶一面啜飲啤酒，感受微風
❷附咖啡的咖啡簡餐
❸從露天座眺望山中湖
❹品嘗鬆餅兼做小憩

MENU
咖啡簡餐
（附咖啡）1080日圓
白酒燉蔬菜950日圓
香腸拼盤950日圓
鬆餅拼盤（附蘋果·肉桂
香草冰淇淋）756日圓

在眼前便呈山中湖風光的
時尚咖啡廳
悠閒度過

到花之都公園品嘗花卉甜點
四季百花盛開而深受歡迎的花之都公園 P.68
有提供特別的花卉甜點。加入鬱金香粉的條狀
蛋糕和花瓣的餅乾等最適合作為伴手禮。

以自製蛋糕為傲的隱密咖啡廳

PAPER MOON
ペーパームーン

平時店內供應15種以上的自
製派與蛋糕，推薦以派皮包
覆水果烘烤而成的蘋果杏桃
派等。為了讓大人們可以充
分放鬆，本店婉拒10歲以下
孩童進入店內。露天座僅限
夏季時可攜帶寵物。

MENU
蘋果杏桃派756日圓
南瓜布丁540日圓
蘋果沙瓦櫻桃派
756日圓
紅茶540日圓～

☎0555-62-2041 ⏠山中湖村平野481-1 ⏰11:00～18:00 ㉿無休
Ⓟ有 ‼巴士站湖山莊前即到 MAP 51

■蘋果杏桃派份量十足，與壺裝的熱紅
茶是絕配 ■店內設置大片窗戶，裝飾
著乾燥花等物品

MENU
招牌熱狗600日圓
蕎麥粉可麗餅750日圓
澤西牛奶冰淇淋
500日圓

位於寧靜森林中的開放式咖啡廳

Hammock Cafe ハンモックカフェ

在搖曳的吊床上，鳥鳴不絕
於耳。推薦以蕎麥粉製作的
可麗餅與熱狗等輕食，可當
成早午餐享用。不論是閱讀
或午睡、與愛犬嬉戲，都能
讓人完全放鬆。

☎0555-62-4155
⏠山中湖村平野506-296（PICA山中湖村內）
⏰11:00～17:00（依季節而異）
㉿週二（夏季、旺季除外）Ⓟ有
‼巴士站旭日丘即到 MAP 50

■招牌熱狗上面粒粒分
明的芥末醬顆粒增添不
同口感 ■躺在吊床上
宛如置身於夢境般
舒適愜意 ■在大自然
中享用美食度過幸福的
一刻

山中湖地區有些店家冬天會因下雪而停止營業，出門時務必事先確認。

佇立於山中湖畔
群樹環抱的靜謐餐廳

座落在山中湖畔道路對岸的義式與日式料理名店。
堅持採用當季食材的小餐館，不時舉辦的現場演唱等活動也深獲好評。
在充滿日式情調的店內欣賞富士山景色，品嘗和風懷石料理。

義大利餐廳

1供應堅持使用當季食材烹調的餐點 2骨董級的擺飾營造出時尚感 3四季展現不同面貌的美麗庭園中有可愛的風向雞

坐在挑高而空間寬敞的室內或
可感受庭園之美的戶外，
享用使用大量當地食材的義大利佳餚
1

2

3

在隱密餐廳享用講究的義大利美食

リストランテPalco Del Cielo リストランテパルコデルチェロ

建於森林中的義大利餐廳，可在木質裝潢的店內或露天座位用餐，欣賞四季美感各異的庭園樹木，悠閒用餐。盡情享用主廚特製的講究餐點，沉浸在廣受歡迎的現場演奏之中。

☎0555-62-0603 山中湖村平野2468-1 11:30～15:00、17:00～20:30 休週二 P有 巴士站ままの森即到 MAP 49 D-3

4

MENU

香草風味烤羔羊
3000日圓
義大利麵1700日圓～
披薩1750日圓
香煎菲力牛排搭配戈根佐拉醬汁3600日圓

4挑高天花板營造出開闊空間的店內，窗外是一片盎然綠意 5坐在木頭棧台上的戶外座位享受涼風吹拂

5

"ままの森"是觀賞富士山的絕佳景點

位於山中湖陡峭懸崖上的"ままの森觀景台"，依不同季節與時間，可看到紅色的富士山與湖中的富士山倒影等富士山的絕佳景致。

在林間餐廳品味燉煮料理

煮込みStewの店 Casserole にこみシチューのみせキャセロール

洋食

將肉類與蔬菜一起燉煮，以陳年醬汁細細熟成出引以為傲的燉菜，將食材濃縮起來的風味與濃醇，有著清爽的口感。菜色會以店家特製的法式砂鍋盛裝，吃到最後一口都能保有熱呼呼的美味。

☎0555-65-6311 　山中湖村平野548-104 　11:30～14:00、18:00～21:00 　週一、第4週二(8月無休，1～2月有不定休) 　有 巴士站平野步行15分 MAP 49 F-3

極致美味的紅酒燉牛肉
吃到最後一口仍是
熱騰騰的美味

MENU

紅酒燉牛肉套餐
2600日圓
(單點2200日圓)
燉牛肉&牛舌套餐
3100日圓
奶油燉雞肉2300日圓

1室內、室外皆可與愛犬同行
2以現代藝術妝點的靜謐空間
3最受歡迎的紅酒燉牛肉套餐，滿滿的軟嫩牛肉已燉煮到幾乎入口即化 4位於距山中湖有些距離的森林之中 5晴天時坐在露天座十分舒適

海拔較高的山中湖，靜靜坐著不動便會感受到涼意，若想坐在露台座時最好帶一件外套。

日本首屈一指的名水之鄉
造訪水質清澈見底的忍野八海

富士山的積雪滲透至地底下，
經過長年的歲月後湧出地面，造就名水之鄉。
靜謐的日本原始風景與清澈的水源有撫慰人心的效果。

整個繞上一圈
100分

建議時段

集結了令人懷念的茅草屋頂等日本原始風景、湧出清澈水流的水池、富士山等3大要素的親水景點。若想拍富士山建議在上午造訪。不妨至此遊覽8座水池與享用名水美食。

湧池 わくいけ
→鏡池步行即到

從前有個傳說，當富士山火山爆發時，人們苦於火災與無水可喝時，女神木花開耶姬命現身讓水湧出，解救了民眾。池中溢滿清澈見底的水，還看得到魚兒悠游的身影。

START

菖蒲池 しょうぶいけ
→忍野八海高速巴士站步行5分

據說當有人將生長在池中的菖蒲繞在生病的丈夫身上，病痛竟奇蹟似地痊癒。據傳此處從前便洋溢著菖蒲花香。

濁池 にごりいけ
→湧池即到

雖然這裡曾流傳地主的老婆婆因拒絕衣衫襤褸的修行者討水，池水遂變得混濁的傳說，但池水如今依舊保持清澈。

鏡池 かがみいけ
→菖蒲池步行2分

據傳是一座能分辨善惡的水池，當有人發生爭端，便會澆以鏡池的水淨身，祈求平靜。這裡也以富士山的美麗倒影而聞名。

銚子池 ちょうしいけ
→濁池步行2分

據傳從前有個新娘，因為在婚禮宴席上放屁而感到羞愧不已，最後抱著酒壺投池自盡。現在則與傳說相反，被視為結緣之池。

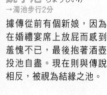

忍野八海與富士五湖的關係

據說以前忍野村也曾是一座湖泊，奈良時代的延曆年間，火山爆發使得湖泊一分為二，形成忍野湖與山中湖。後來忍野湖乾涸，伏流水湧出的地方才形成了現在所見的8座水池。

能量景點

小憩片刻

忍野八海 おしのはっかい

8座水池總稱為忍野八海，是被列入日本名水百選的風景勝地。8座水池分別作為構成富士山資產的一部分，共同列入世界文化遺產。

☎0555-84-4222（忍野村觀光協會）🏠忍野村忍草
¥底拔池外其餘免費參觀
🅿有 ‼前往菖蒲池至巴士站忍野八海入口下車步行5分。前往湧池至巴士站大橋步行5分 MAP59

忍野MAP

周遊圖 ● P.48
●●●●富士湖號

⊟区会事務所前

P.58
忍野八海

P.58
忍野八海

⊟淺間神社
忍野八海入口

步行5分

🄬池本茶屋 P.60

🅂かまのはた P.59

神鶴橋

渡辺食品
P.59

忍野八海

💧忍野八海

富士飲料
P.63

彦兵衛屋敷

忍野村

かまのはた

就在湧池旁

只要付費購買寶特瓶（1公升用150日圓），就可以把富士山的雪融水帶回家。

☎0555-84-4333 🏠忍野村忍草357 ⏰10:00～16:00
🄯不定休 🅿有 ‼巴士站大橋步行5分 MAP59

外帶名水

可品嘗用名水沖泡的咖啡

底拔池 そこなしいけ

→銚子池步行5分

據說掉入池中的物品會穿過池底，從附近的釜池浮出水面。參觀需購買門票。

☎0555-84-2587（榛の木林資料館）⏰9:00～17:00 🄯不定休
¥300日圓

熱呼呼的烤草餅100日圓是散步時的良伴

渡辺食品 わたなべしょくひん

在店面現烤的草餅，是用艾草口味的餅皮包紅豆餡製成，相當受歡迎。純手工製作，不含任何添加物，口味天然樸實。

☎0555-84-4106 🏠忍野村忍草241 ⏰8:00～17:00（冬季8:30～16:30）🄯不定休 🅿有
‼巴士站大橋步行3分 MAP59

釜池 おかまいけ

→底拔池步行7分

傳說蟾蜍把住在池邊的農民女兒拉入池中，女子從此再也沒有回來。水位較高，水量豐富。

GOAL

出口池 でぐちいけ

→釜池步行10分

據說從前富士的修行者和道者，都需要先到這人稱富士山御神水的池水淨身，再汲取池中靈水後登山。

忍野八海中只有出口池距離其他水池較遠，前往出口池時來回抓30分比較保險。

富士山的伏流水凸顯風味
享用忍野的蕎麥麵

忍野周邊有著富士山的雪融水經長時間從地底湧出。
不妨到被列為名水百選而聞名的忍野八海，
品嘗使用清冽泉水製作的手工蕎麥麵。

將烤味噌與佐料拌入湯汁
一起享用的蕎麥麵是招牌菜色

天祥庵
てんしょうあん

蕎麥麵店的建築是散發穩重氣息的茅草屋頂老民宅，令人印象深刻。堅持使用國產蕎麥麵粉、富士山湧泉製作的蕎麥麵，細緻有光澤，風味豐富。用於佐料的蔬菜等都是店家自己栽種。

☎0555-84-4119 ☖忍野村忍草2848-2 ⏰11:00〜售完打烊 ㊡週三（達假日則翌日休）
Ⓟ有 ‼巴士站停忍野溫泉前步行5分 MAP48 A-1

❶將烤味噌、佐料與湯汁一起攪拌食用的招牌菜色ぶっかけそば 1350日圓
❷在別具風情的店內享用蕎麥麵

美味的秘訣在於
精挑細選的食材

池本茶屋
いけもとちゃや

挑選品質優良的國產品種大粒秋蕎麥，以石臼用心磨出當日所需分量的自製麵條。店內供應現磨、現做、現煮的蕎麥麵，湯頭則是使用現削的近海垂釣本枯柴魚片，以富含鈣的忍野名水熬煮而成。

☎0555-84-1009 ☖忍野村忍草354 ⏰9:00〜16:30（販賣部8:00〜18:00）㊡不定休 Ⓟ有 ‼巴士站大橋步行5分 MAP59

❶自家製麵，提供順喉、有著清爽香氣的蕎麥麵。大份蕎麥麵800日圓 ❷可以嘗試川燙蕎麥麵疙瘩等多種吃法。蕎麥麵疙瘩800日圓

富士山的水蘊含豐富的釩

富士山的伏流水富含人體所需要的一種礦物質──釩。由於水質屬於軟水，用來泡茶等也會比平常還要好喝。

名水與當季講究食材
一較高下的蕎麥麵御膳

和食処 車や
わしょくどころくるまや

餐廳腹地內有一座會湧出富士山名水的水池，店內可享用以池水飼養的河魚、使用名水製作的蕎麥麵與豆腐等，以及運用當地食材製作的料理。另外，擺滿直接由沼津港進貨的海鮮全餐也廣受好評。

☎0555-84-3455 ⌂忍野村忍草1481 ⏰11:00～14:00、17:00～22:00 休週一（逢假日則營業，改休別日）Ｐ有 ‼巴士站忍野村役場前步行5分 MAP 48 C-1

■蕎麥麵御膳1620日圓，吃得到著名的竹筍蕎麥麵、以腹地內湧水飼養的鱒魚味噌燒等豪華菜色
②忍野的老字號日本料理店，沼津港直送的海鮮也十分豐富

以嚴選蕎麥麵粉結合
富士山伏流水打製的絕品蕎麥麵

手打ちそば 朴庵
てうちそばぼくあん

對於蕎麥麵粉的產地十分講究，以新鮮蕎麥麵粉加上富士山伏流水細心手工製麵。提供當令的季節菜餚，以及套餐菜色、山藥泥麥飯、天麩羅蓋飯等豐富多元的美味選擇。

☎0555-72-8181 ⌂山中湖村山中989-3 ⏰11:00～17:30（週六～20:00）休週二（逢假日則營業，7月中旬～8月底無休）Ｐ有 ‼巴士站梨ヶ原步行5分 MAP 48 B-2

■特別重視當地"忍野產"，使用清晨採收的新鮮蔬菜，鮮蝦與蔬菜天麩羅的蒸籠蕎麥麵1500日圓
②吃得到純樸的蕎麥麵風味，蒸籠蕎麥麵850日圓

推薦池本茶屋的鹽烤白點鮭魚，可搭配蕎麥麵一起享用。由於水槽也是使用名水，養育出的魚類都非常有活力。

山中湖・忍野的人氣伴手禮一網打盡

旅行時總會不自覺想帶些伴手禮回家。
無論是送給心中的那個人，或是當成給自己的獎勵，
包括當地美食在內，全部都是只有在這裡才找得到的珍饈。

1 使用富士山麓的精選食材製作的自製酵母麵包

←上／口感柔軟細緻的
吐司一條840日圓
中／使用紅富士溫泉的
源頭製作的溫泉麵包
（核桃、葡萄乾）各
700日圓
下／使用大量自家栽種
的無農藥南瓜製的南瓜
甜麵包550日圓

↑滑嫩的角屋絹豆腐147日圓

2 用富士山靈水製作的講究豆腐可當作伴手禮

1 サンジュリアン

‖山中湖‖

使用湧泉與精選食材製作的麵包相當
受歡迎。在自製天然酵母的麵糰中加
入在富士山腳收割的美味，像是使用
富士山北麓南瓜的麵包等，原創商品
口味十分多樣。

☎0555-62-3266 🏠山中湖村山中354-1
🕘9:00～18:00 ㊡週一（8月無休）🅿有 ‼
巴士站一之橋步行5分 [MAP]48 C-4

2 豆ふの駅 角屋豆富店

‖忍野‖とうふのえきかどやとうふてん

販售堅持使用富士山伏流水製作的豆
腐，有辣椒豆腐、胡麻豆腐等，種類
豐富齊全，每種都可以試吃。口感滑
嫩的超人氣豆腐花（寄せ豆富），是
店家引以為傲的商品。

☎0555-84-2127 🏠忍野村內野556
🕘9:00～18:00 ㊡週三（7・8月無休）
🅿有 ‼巴士站內野即到 [MAP]48 C-1

3 NEWYORK STICK ファクトリーアウトレット

‖忍野‖ニューヨークスティックファクトリーアウトレット

這家店的起司蛋糕條很受歡迎。陳列
在櫥窗中的是由工廠送來的暢貨商
品，主要是一些零碎不完整或不符合
規格的蛋糕。也有只在店面販售的划
算商品，店內還設有可以喝咖啡與果
汁的咖啡空間。

☎0555-84-3276 🏠忍野村內野190
🕘11:00～18:00 ㊡不定休 🅿有
‼巴士站內野赤坂即到 [MAP]48 C-1

3 用暢貨中心的價格就可買到極致美味的起司蛋糕

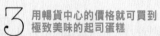

→↓划算的起司蛋糕
條套裝，起司蛋糕福
利品一盒648日圓

↑瑞士捲864日圓，幾乎是以定價的
一半即可買到，有原味、咖啡牛
奶、抹茶、提拉米蘇等豐富口味

→ 為了讓顧客可以
安心帶回家，店家
準備了保冷袋與事
先冷凍的商品

製作德國香腸的店家也供應午餐

森のなかのソーセージやさんの附設餐廳，除了可以品嘗香煎德國香腸以外，還供應燉牛肉與燉牛舌等燉煮菜色，皆深獲好評。

4 民宿附設的手工首飾店

←↑使用可愛的橡樹果實與和風布料製成的胸針各1000日圓～

店內擺滿了許多僅此一件的飾品等

↓可當成旅行紀念的可愛胸針1500日圓～

4　アトリエプラム

‖山中湖‖

附設於民宿すももの木內的七寶燒首飾店，店內陳列著美麗的首飾，此外還販賣拼布作品等。

☎0555-62-3411　🏠山中湖村山中990-6
🕐9:00～15:00　🚫不定休（需事先預約）
🅿有　🚌巴士站梨ヶ原即到
ＭＡＰ48 B-2

5　森のなかのソーセージやさん

‖山中湖‖もりのなかのソーセージやさん

販售6種無添加物的德國香腸，製作時放入鮮奶油、利口酒，香氣濃郁。在附設的餐廳可以品嘗店家自製的德國香腸與火腿。

☎0555-62-3187　🏠山中湖村平野508-375　🕐10:00～19:00　🚫週四（逢假日則營業，黃金週與暑假無休）　🅿有　🚌巴士站撫岳莊前步行15分
ＭＡＰ51

6　富士飲料

‖忍野‖ふじいんりょう

位於忍野八海附近，可以試喝、購買礦物質豐富的富士山伏流水。商店內可以享用名水咖啡、刨冰等，各300日圓。

☎0555-84-3545　🏠忍野村忍草380
🕐9:00～17:00　🚫不定休　🅿有　🚌巴士站大橋步行5分　ＭＡＰ59

5 手工德國香腸與燉菜的店家有可與寵物同樂的露天座

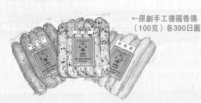

←原創手工德國香腸（100克）各390日圓

6 購買含有大量礦物質的富士山名水

→富士的名水
左（1公升）200日圓，
右（1.5公升）300日圓

NEWYORK STICKファクトリーアウトレット也供應可在店內享用的霜淇淋與飲料。

綠意環抱的高原度假勝地
在山中湖悠閒住宿

富士五湖中海拔較高的山中湖地區，
是大自然環繞、能感受涼爽微風的高原度假勝地，
有民宿餐廳等客房數較少的幽靜旅宿散布其中。

在安靜的森林中度過優雅時光

CARO FORESTA ELFO カーロフォレスタエルフォ

令人想在特別的日子投宿的旅館。只有4間的客房皆為樓中樓式套房，附專屬庭園，晚餐則是可在客房享用的法式宴席料理。可以在此與重要的人共度奢侈時光。也接受與寵物一同入住。可以使用與客房相連的本館部分設施。

☎0555-62-3781 ⏶山中湖村平野509-10 ⏱IN15:00 OUT11:00 ⏹4 Ｐ有 ¥1泊2食27500～42694日圓 ‼巴士站撫岳莊前步行10分 ●提供接送服務（需預約） MAP 51

MAP 51

費用專案

首次入住專案
1泊2食27500日圓～（2人1房），以網路預約折價500日圓。設於客房的迷你吧所有飲料皆包含於住宿費用中（僅限首次入住）。

■裝潢主題十分多元，有日本風、夏威夷風、現代亞洲風等多樣化的客房，也擁有許多熟客 ■根據不同概念設計的客房，浴室也十分別緻 ■可在客房內慢慢享用的法式宴席佳餚 ■夏威夷風客房的臥室（2F）■寵物同行也能安心的寵物咖啡廳Coccolo

愛犬入住也OK的度假村
富士五湖地區有許多咖啡廳與民宿接受旅客帶
愛犬同行，還會提供寵物的活動空間與食物等
服務。

1可眺望富士山的露天浴池，房客有免費包場的機會 2晚餐是分量十足的創意美食，葡萄酒單的種類也很豐富 3各具特色的客房分設在本館及別棟中

1從客房也可以眺望富士山 2使用豐富蔬菜的餐點色彩非常鮮艷 3以木頭裝潢，給人溫暖氛圍的寬敞餐廳

讓人放鬆的南歐風旅店

Osteria Isolana オステリアイゾラーナ

建於將山中湖一覽無遺的高地上，可欣賞富士山的絕美風景。中庭開滿當季花朵，讓人度過身心放鬆的時光。從寬敞的用餐空間與包租露天浴池所觀賞到的富士山景格外美麗。可品嘗以南歐家庭美食為基底的原創餐點。

☎0555-62-4722
🏠山中湖村平野水ヶ久保2612
🕐IN15:00 OUT10:00 🛏7
Ⓟ有 ¥1泊2食10500～14000日圓 🚌巴士站湖北即到
MAP 49 D-3

實用專案
飽覽閃耀湖景與富士山特別專案
1泊2食10500日圓～（2人1房），準備了景觀極佳的客房，可盡情欣賞富士山美景與壯麗的山中湖。客房有專用的陽台，可以欣賞四季不同的景色。

蔬菜豐富的餐點讓人想多喝一杯葡萄酒

オーベルジュ秋桜 オーベルジュこすもす

可在安靜湖畔享用講究餐點的民宿餐廳，天氣晴朗的日子可以一邊欣賞富士山一邊用餐。晚餐是講究食材、根據亞洲人口味做調整的法式佳餚，可搭配老闆精選的葡萄酒一起享用。

☎0555-62-2863
🏠山中湖村平野2558-1
🕐IN15:00 OUT10:00 🛏6
Ⓟ有 ¥1泊2食13000日圓～ 🚌巴士站湖北即到
MAP 49 D-3

實用專案
富士山與主廚特製晚餐專案
1泊2食13000日圓～（2人1房），入住可欣賞富士山景的客房，樂享講究的佳餚與葡萄酒。逢週六日、假日前日，餐點內容升級。

民宿餐廳的重頭戲還是餐點，不妨盛裝打扮一下，放慢步調細細品味美食。

似乎可以接收到
富士山所發出的
強大能量。

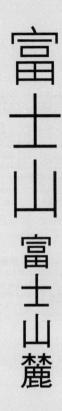

富士山 富士山麓

登錄為世界文化遺產而備受矚目的富士山。
富士山河口湖口的五合目,
是很受登山客與觀光客歡迎的景點,
汽車可到的海拔2305公尺處猶如雲端上的另一個世界。
富士山麓則有伏流水湧出形成的知名瀑布,
以及可以一邊仰望富士山一面泡湯的溫泉設施。
還有田園風光令人心曠神怡的觀光牧場,
以及擁有日本最大規模店鋪面積的
御殿場Premium Outlets。

來自世界遺產富士山的禮物
優美的富士山四季風景

四季中無論哪個季節造訪，都能為遊客帶來感動的富士山，
不妨立刻出發見識富士山麓的豐富大自然，
以及其千變萬化的面貌。

春

1 三峠
‖河口湖‖みつとうげ

海拔1785公尺，有各式各樣的高山植物在此生長。5月下旬～6月上旬盛開的菖蒲花、杜鵑與富士山爭相比美，美不勝收。☎0555-72-3168（富士河口湖町觀光課）MAP 附錄富士山周邊MAP

2 山中湖·花之都公園
‖山中湖‖やまなかこはなのみやここうえん

形成一片花海、惹人憐愛的黃花是晚春於山村綻放的鬱金香。
☎0555-62-5587 MAP 48 C-2

3 朝霧高原的牧草地
‖富士宮‖あさぎりこうげんのぼくそうち

悠閒吃草的牛群是最樸實的風景。綠油油的牧場鮮綠讓人眼睛為之一亮。
☎0544-27-5240（富士宮市觀光協會）
MAP 附錄富士山周邊MAP

1 山中湖·花之都公園
‖山中湖‖やまなかこはなのみやここうえん

大朵向日葵在夏季的富士山青綠山腳下優雅綻放。山中湖·花之都公園的開花時期為稍晚的8月。
☎0555-62-5587 MAP 48 C-2

2 天上山公園
‖河口湖‖てんじょうやまこうえん

天上山公園的步道沿途可看到約10萬株繡球花盛開，天氣晴朗的日子可以一邊觀賞富士山一邊散步。
☎0555-72-0363（天上山公園卡奇卡奇山纜車）MAP 19

3 大石公園
‖河口湖‖おおいしこうえん

位於河口湖北岸的大石公園是可以欣賞薰衣草花田與富士山的著名景點。薰衣草盛開的6月下旬～7月中旬，當地會舉辦香草節。MAP P.18

夏

多種精采活動為季節增添風情

夏季有香草節，秋季有富士河口湖紅葉祭，冬季有西湖樹冰祭與煙火等，每個活動都有物產店參加，不同季節來訪各有不同樂趣。

1 富士河口湖紅葉祭
‖河口湖‖ ふじかわぐちこもみじまつり

11月上旬至下旬之間，河口湖美術館通「紅葉迴廊」的60株老楓樹會在晚間點燈，相當美麗。
☎0555-72-3168(富士河口湖町觀光課)
MAP 19

2 大石公園
‖河口湖‖ おおいしこうえん

戴著雪冠的富士山與隨風搖曳的淡紅色波斯菊捎來了早秋的訊息。
↪P.18

3 湖北View Line
‖河口湖‖ こほくビューライン

湖北View Line貫穿整個河口湖北岸，11月上旬～中旬的紅葉隧道在此迎接旅客的到來。
☎0555-72-3168(富士河口湖町觀光課)
MAP 18

秋

冬

1 御坂峠
‖河口湖‖ みさかとうげ

俯瞰河口湖的絕佳景點，也曾在太宰治的『富嶽百景』登場。3月中旬積雪未消，從此望出去的富士山與湖冰非常美麗。
☎0555-72-3168(富士河口湖町觀光課)
MAP 附錄富士山周邊MAP

2 河口湖冬季煙火
‖河口湖‖ かわぐちこふゆはなび

1月中旬～2月上旬舉辦的河口湖冬季盛事，黑暗中若隱若現的壯闊富士山為煙火增添不少氣勢。
☎0555-72-3168(富士河口湖町觀光課)
MAP 19

3 西湖樹冰祭
‖西湖‖ さいこじゅひょうまつり

高度可達10公尺的樹冰氣勢十足，樹冰祭期間會舉辦許多活動，晚上則有燈飾妝點。 ☎0555-82-2160(西湖野鳥之森公園)MAP 31

若造訪當天無緣見到富士山，推薦到山中湖攝影藝廊↪P.51欣賞富塚先生所拍攝的富士山美景。

大略地介紹一下富士山・富士山麓

因列入世界文化遺產而備受矚目的富士山
任誰都想要一睹其風采。
不論是登山還是遠眺都深具吸引力。

首先去哪裡好呢?

做好旅行的萬全準備＆遊覽當地的實用資訊

確認觀光資訊＆天氣預報

到富士山站旁的富士吉田市觀光服務處可以取得富士山五合目的相關資訊。可別忘記事先確認變化多端的山間天候狀況。

注意服裝

富士山五合目與山下的溫度相差甚大，即使是盛夏時期，五合目有時也會讓人冷得發抖，千萬不要忘記做好禦寒措施。

富士山・富士山麓的玩法

富士山五合目可由河口湖站出發前往

河口湖站是巴士開往富士山五合目的起訖點，班次依季節而異。除了過年期間，冬季皆停駛（道路積雪時，不分季節皆有停駛的可能）。

朝霧高原可由河口湖站或新富士站・富士宮站出發前往

可從河口湖站搭乘開往新富士站的巴士，也可從JR東海道新幹線新富士站或JR身延線富士宮站搭乘開往朝霧高原方向的巴士。

御殿場可由御殿場站出發前往

JR御殿場線御殿場站與御殿場Premium Outlets間有接駁巴士行駛，也有從東京或新宿發車前往御殿場Premium Outlets的高速巴士。

富士山五合目有實施自用車管制

通往富士山五合目的富士SUBARU LINE（富士スバルライン），每年夏季皆會實施自用車管制，管制期間只有巴士與計程車可以通行，自用車與機車禁止進入，租用車輛也包含在自用車的管制內。管制實施時間請向富士山付費道路管理事務所確認。

☎0555-72-5244

別於日式景觀的大地風景

朝霧高原 P.78

廣大草原上的
放牧牛群。
眼前的景色
幾乎讓人忘卻
身在日本。

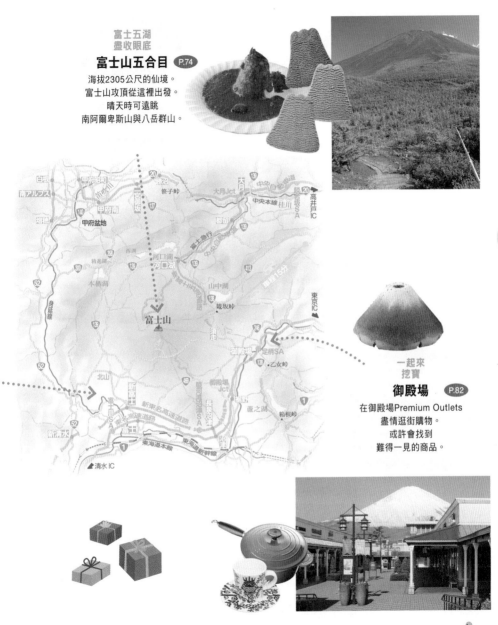

富士五湖
盡收眼底

富士山五合目 P.74

海拔2305公尺的仙境。
富士山攻頂從這裡出發。
晴天時可遠眺
南阿爾卑斯山與八岳群山。

一起來
挖寶

御殿場 P.82

在御殿場Premium Outlets
盡情逛街購物。
或許會找到
難得一見的商品。

行駛於JR御殿場站與御殿場Premium Outlets間的免費接駁巴士，行駛時間為9:30～關店後40分，每小時有3個班次。

登上列為世界文化遺產的日本最高峰富士山，原來是這種感覺

近年來富士山因成為世界遺產、能量景點而廣受矚目，
每年登山人數不斷增加，限定7～8月間實施的夏季登山，
即使是入門者，只要做好萬全的準備與心理建設，一樣可以登上山頂。

攀登富士山的穿著

帽子
天氣好的日子紫外線較強，防曬的帽子、防曬乳、太陽眼鏡都是必需品。

登山杖
可以維持身體平衡，分散體重，減輕腳的負擔。沿途有岩石地段，千萬別忘記戴手套。

登山鞋
最好穿著厚底、包覆腳踝的登山鞋，並穿著厚襪子。下半身穿著長度到腳踝的內搭褲會更舒適。

服裝
1天當中冷暖的差異較大，建議攜帶重量輕又可調節溫度的衣物，也不要忘記帶寒外套與替換衣服。

登山背包
準備容量為20～30公升、可以用腰帶固定住的好背包，裡面放水（500毫升～1公升）、頭燈，雨衣上下兩件式較方便。乾糧、手機、毛巾、面紙、塑膠袋、氧氣、證件等也要隨身攜帶。

給初次登頂者的心得Q&A

Q:任何時候都可以登山嗎？

A：只有7月1日開山到9月上旬封山為止的2個月間可以登山。幾乎所有的登山小屋都只有在這段期間開放，也都設置救護站，建議入門者選擇這段期間登山。

Q:登山小屋需要預約嗎？

A：每逢盂蘭盆節、週六日，各處的登山小屋都擠滿了人，觀光團也很多，建議事先預約好登山小屋後再出發。1泊2食費用大約7500～8500日圓。

Q:山頂上的氣溫大概幾度？

A：富士山頂的氣溫大概比山下低20度以上，天候變化也較大。因為沒有可以擋風的地方，所以體感溫度會比平常更低。

Q:高山症有哪些症狀？

A：高山症是因為身處高地氧氣濃度不足，造成頭痛、身體發冷、噁心想吐等症狀，由於這些症狀必須到下山後才能緩解，所以登山時最好慢慢讓身體適應環境後再往上爬。

富士山的廁所要收費是真的嗎？
由於富士山上的廁所是以高額經費興建，幾乎都採小費制。堆肥式與燃燒式廁所雖然很普遍，但也需要一定的維持費用。攀登富士山時不妨先準備好100日圓的硬幣。

初次登頂的推薦行程

10:00 吉田口(富士SUBARU LINE)五合目 ⌂P.74
為了體整身體狀況，在五合目待1小時以上，好讓身體適應環境。

12:30 從五合目出發
建議第1天爬到七合目到八合目之間，然後在登山小屋住一晚。

16:00 抵達登山小屋 住宿
為了迎接第2天的到來，提早休息儲備體力。推薦入門者可以在登山小屋看完日出後再繼續登山。

第2天

7:00 從登山小屋出發
從這裡開始是最辛苦的一段路，不要勉強，慢慢地朝向山頂前進。

11:00 抵達山頂
若還有餘力可以繞行山頂一圈，走一圈約需2小時，最好衡量體力後再決定是否嘗試。

13:00 開始下山
在八合目的分岔點往吉田口的方向下山。走到六合目附近與登山道合流，繼續下山。

不要急
慢慢來

17:00 抵達五合目
與山上的溫度有落差，不妨在此調整一下穿著服裝，然後準備回家。

↑從六合目開始進入岩石地，真正的登山就此揭開序幕

↑像是附著在富士山表面的登山小屋比鄰而立

←登山小屋的晚餐（一例）

日出　即使還沒到山頂也可以看到日出
不建議入門者晚間攻頂。不需過於逞強，日出就在登山小屋欣賞吧。登山小屋的工作人員會告知日出的時間。

↑壯觀的日出是一輩子的紀念

1 以紅色鳥居作為標識的鳥居莊 2 山頂最高處的劍峰 3 在山頂的石碑前拍紀念照 4 可在山頂的商店買到伴手禮 5 下山時會塵土飛揚，最好先做好防範措施

即使不登山也有很多樂趣
富士山五合目遊記

海拔2305公尺的吉田口（富士SUBARU LINE）五合目，
就像是雲端上的高原度假勝地。
從新宿站有高速巴士可直達。

↑商店與餐廳櫛次鱗比

給初次造訪者的心得Q&A

Q：怎麼去富士山五合目？

A：從中央自動車道河口湖IC（交流道）下，接國道139號、縣道707號就可抵達富士SUBARU LINE。收費站到五合目約30公里，所需時間40分。可享受在海拔差1500公尺的山路上兜風的樂趣。

Q：氣溫和平地差多少？

A：一般來講高度每高1000公尺溫度便會下降6度，五合目雖然不是山頂，但基本上也與河口湖畔相差了10度左右。

Q：可以看到什麼呢？

A：五合目離山頂比想像中近，可以仰望頂峰，同時俯瞰河口湖與山中湖。天氣好的時候甚至可以看見南阿爾卑斯與八岳。

Q：任何時候都可以去嗎？

A：富士SUBARU LINE在7月、8月、9月基本上是24小時皆可通行，其他時期開放時間則有所調整，冬季道路積雪或路面凍結時，則可能會禁止通行。2015年的自用車管制實施日期為7月10日～8月31日。

→從五合目看到的日出

←腳下無邊無盡的雲海非常夢幻

1景色360度延伸的五合目一帶　2富士SUBARU LINE途中的地上有高音譜記號　3富士SUBARU LINE是收費道路　4可以騎馬到六合目

富士山五合目

海拔2305公尺

周邊圖 ●附錄富士山周邊MAP

只需2小時的隨興五合目健行

除了登頂外，也推薦在五合目一帶輕鬆健行。這裡的自然探索步道規劃完善，路線穿過鐵杉樹、韋氏冷杉、白山杜鵑圍繞的樹林，通往奧庭莊，全長3.7公里，走完全程約需1小時半。

\ 可品嘗 /
招牌美食

享用富士山風格的美食來這裡就對了

絕對不能錯過富士山形狀的咖哩飯與牛肉燴飯。

富士山みはらし ふじさんみはらし

☎0555-72-1266 ⏰8:30～16:30（夏季7:00～18:00）困不定休

富士山噴火咖哩飯（附沙拉）980日圓

開運紅富士牛肉燴飯（附沙拉）980日圓

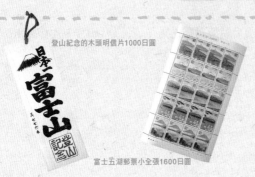

登山紀念的木頭明信片1000日圓

富士五湖郵票小全張1600日圓

\ 可以寄明信片 /
作為紀念

當作來富士山五合目的紀念寄信給自己還有親朋好友

可以使用原創的明信片與郵票寄信，屆時還會蓋上有富士山風景的郵戳。

富士山五合目簡易郵局

ふじさんごごうめかんいゆうびんきょく

☎0555-72-0005 ⏰4～12月、8:00～17:00（依季節而異）困開放期間無休

\ 可買伴手禮 /

富士山形狀的禮品與富士山的空氣等難得一見的伴手禮最適合當作紀念

全都是與富士山有關的獨特伴手禮，讓人不知從何下手。

五合園レストハウス

ごごうえんレストハウス

☎0555-72-2121
⏰5月～11月15日、4:00～17:00
困開放期間不定休

富士山立體地圖1620日圓

富士山五合目啤酒1瓶650日圓

富士山頂的空氣（小）540日圓、（大）1080日圓

富士山／富士山五合目遊記

五合目有富士山小御嶽神社，從神社前方的觀景台也可以欣賞美麗的景色喲。

以日本第一高峰富士山為主題的
可愛＆美味伴手禮一次網羅

選購伴手禮也是旅行的樂趣之一。
富士山麓有許多以富士山的外形為設計的禮品，
這裡集結了外觀與口味都很講究的精選伴手禮。

1 展現日本第一高峰
富士山美感的精緻甜點

→富士山羊羹1條1350日
圓～／展現富士山美麗姿
態的羊羹，隨著春夏秋
冬、過年等時節變換的富
士山圖案相當受歡迎

1
金多留満本店
‖河口湖‖きんだるまほんてん

以富士山之水與精選食材製作和菓子的
店。除了使用日本產紅豆等講究材料製
成的羊羹外，還有採用富士山原生的濱
梨玫瑰果實製作的はまなし十分著名。

☎0555-72-2567
⌂富士河口湖町船津7407
⏰9:00～19:00(10～3月→18:00)
㉮無休 Ⓟ有 ‼富士急行線河口湖站車程
10分 ＭＡＰ 17 D-3

2
富士山五合目簡易郵便局
‖五合目‖ふじさんごごうめかんいゆうびんきょく
（五合園レストハウス内）

位於富士山五合目河口湖口的郵局，
從這裡寄出的信件都會蓋上富士山的
風景郵戳。可以寫一張富士山形狀的
明信片寄出，當作旅行的紀念。

☎0555-72-0005 ⌂鳴沢村富士山8545-
1 ⏰4～12月、8:30～17:00(依季節而異)
㉮開放期間無休 Ⓟ有 ‼巴士站富士山五
合目即到 ＭＡＰ 75

3
FUJIYAMA COOKIE
‖河口湖‖フジヤマクッキー

販售每天現做的餅乾，使用日本產麵
粉與富士山麓出產的起司等精選食材
製作，將食材的原味發揮到極致。

☎0555-72-2220 ⌂富士河口湖町浅川
1165-1 ⏰10:00～17:00(依季節而異)
㉮不定休 Ⓟ有 ‼巴士站遊覽船ロープウ
ェイ入口即到 ＭＡＰ 19

---

2 為旅行留下紀念
寄明信片

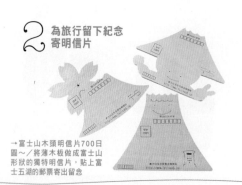

→富士山木頭明信片700日
圓～／將薄木板做成富士山
形狀的獨特明信片，貼上富
士五湖的郵票寄出留念

3 顏色形狀都很可愛的
富士山餅乾

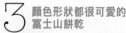

←富士山餅乾3片裝440日
圓～／有香草、草莓、抹茶
等口味，種類豐富，口感酥
脆

4 外觀像富士山的哈密瓜麵包

→富士山哈密瓜麵包260日圓／外皮酥脆，內部Q彈。外皮上灑的糖粉與可可粉甜度適中

↑富士山哈密瓜麵包3個1050日圓，可以盒裝帶回家

4 あまのや

‖五合目‖（五合園レストハウス內）

在富士山河口湖口五合目的五合園レストハウス內的麵包店。頗受歡迎的熱騰騰現做富士山哈密瓜麵包，是必買的人氣伴手禮。

☎0555-72-1341 ⌂鳴沢村富士山8545-1 ⏰3月下旬～12月中旬、8:00～17:00 ㊡開放期間無休 Ⓟ有 🍴巴士站富士山五合目即到 MAP 75

5 シフォン富士

‖富士吉田‖シフォンふじ

使用大量富士山麓產的牛奶與蛋製成的手工戚風蛋糕，做成富士山形狀的戚風蛋糕可選擇大小與口味，有原味與紅茶等口味可供選擇。

☎0555-24-8488 ⌂富士吉田市大明見1244 ⏰10:00～18:00 ㊡週二、第4週三 Ⓟ有 🍴富士急行線富士山站車程5分 MAP 37

6 鳴澤休息站

‖鳴澤‖みちのえきなるさわ

裡面有JA鳴澤物產館，販售十分搶手的新鮮農作物，也可以在此取得觀光資訊等，是相當方便的休息站，還有種類齊全的可愛伴手禮。

☎0555-85-3900 ⌂鳴沢村ジラゴンノ8532-63 ⏰9:00～18:00（依季節而異）㊡無休 Ⓟ有 🍴巴士站富士綠的休暇村步行3分 MAP 16 A-3

5 最適合當富士山伴手禮的戚風蛋糕

→富士戚風蛋糕756日圓～／高16公分的超級富士戚風蛋糕3780日圓，口感蓬鬆的戚風蛋糕是用富士山麓出產的牛奶與雞蛋製作而成

6 富士山主題的吉祥物

↓フジちゃん人偶大1080日圓、中648日圓／以富士山為主題的可愛「フジちゃん」，圓滾滾的眼睛真可愛

鳴澤休息站（道の駅 なるさわ）設置了「取之不盡的名水」區，可以免費把名水帶回家。

到空氣清冽、充滿負離子的
朝霧高原感受瀑布的洗禮

位於富士山南麓的朝霧高原有許多水量豐沛的美麗瀑布。
雪融水聚集成為瀑布傾瀉而下，清脆的聲響與清涼的水花讓人神清氣爽。
不妨遊遍各處的瀑布，清涼一下。

上／光是站在充滿清涼感的水流前，心靈似乎就已獲得慰藉　下／在優雅的瀑布前合影留念

映照著紅葉、新綠的富士山麓最大瀑布

白絲瀑布 しらいとのたき

大名鼎鼎的天下名瀑，白絲瀑布。富士山的雪融水從上層水流通過的新富士火山層與下層水流無法通過的古富士火山層交界處噴出，數百個大小瀑布從高20公尺、寬150公尺的絕壁傾瀉而下，像是掛著好幾條絲絹般細緻美麗。站在靠近水潭處，三面的瀑布形成一道拱門，猶如置身仙境。

☎0544-27-5240（富士宮市觀光協會）⏵靜岡県富士宮市上井出原 ⏰自由參觀 Ｐ有 🚌巴士站白糸の滝歩行5分 MAP 79

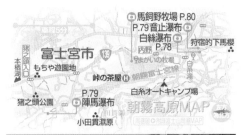

富士宮市 139

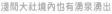

○馬飼野牧場 P.80
P.79 音止瀑布 ○
白絲瀑布 ○
P.78
狩宿的下馬櫻

P.79 ○
陣馬瀑布

朝霧高原MAP

淺間大社境內也有湧泉湧出

淺間大社的湧玉池 MAP 附錄富士山周邊1天有約20萬噸的豐富出水量，據說從地底湧出的泉水無論春夏秋冬都維持著14度。

水量豐沛，充滿動態美的瀑布

巨大水柱的聲響響徹雲霄的壯觀瀑布

音止瀑布 おとどめのたき

由高度25公尺的瀑布頂一洩而下的水柱發出巨大響聲。傳說從前曾我兄弟為了向工藤祐經復仇進行密談時，祈求讓瀑布停止發出聲響，結果真的實現，因此成為瀑布名稱的由來。

☎0544-27-5240（富士宮市觀光協會）🏠靜岡縣富士宮市上井出
🕐自由參觀 🅿有 🚌巴士站白糸の滝步行5分 MAP 79

東海自然步道沿線的瀑布

陣馬瀑布 じんばのたき

據傳源賴朝在1193（建久4）年舉行富士狩獵大賽時曾在瀑布附近駐紮，因而得名。瀑布的源頭為富士山湧泉的五斗目木川（ごとめきがわ），周圍涼爽的程度難以用言語形容。

☎0544-22-1155（富士宮市觀光課）🏠靜岡縣富士宮市豬之頭
🕐自由參觀 🅿有 🚌巴士站遠照寺ホステル入口步行5分
MAP 79

清澈水流就在眼前傾瀉而下的瀑布

富士山麓／到朝霧高原感受瀑布的洗禮

優美的白絲瀑布曾做為電影『西遊記』拍攝外景的地點。

my co-Trip

在農場餐廳享用農場出產食材做成的佳餚
與動物近距離接觸的牧場之旅

空氣清新的涼爽朝霧高原，有許多觀光牧場散布各處。
在馬飼野牧場可以品嘗產地直送美食，體驗接觸可愛動物等，
享受各式各樣的牧場樂趣。

\享用產地直送美食自助餐/

名為「在農場餐廳大快朵頤（農場レストランでいただきます）」的產地直送美食自助午餐相當受歡迎，供應以當地生產者用心培育的食材製作的日式和西式創意餐點。
￥1944日圓

↑使用安全安心的食材烹調而成的餐點約有60種

←在寬敞明亮的店內用餐

←喜愛的食物可以照自己想吃的份量取用

法式醃鱒魚
富士宮的鱒魚產量日本第一，將牧場附近養鱒場的鱒魚以醃製調理

普羅旺斯風蘑菇炒小松菜
將蘑菇以大蒜醬油清爽調味

義大利麵
供應橄欖油或蕃茄風味等，會隨時變換口味

自製天然酵母麵包
深受饕客好評的麵包工房特製麵包，備有6種口味

蔬菜棒
將富士山村早晨現採的蔬菜切成條狀，品嘗食材原本的好味道

香烤2種馬鈴薯
採用十勝黃金與北紫品種的馬鈴薯，以烤箱烘烤

牛奶焗飯
使用上大量馬飼野牧場牛奶的人氣菜色，有時會推出焗烤菜

牛奶可樂餅
可樂餅大量使用馬飼野牧場的濃醇牛乳製作

涼拌紅蘿蔔葉
將紅蘿蔔與菜葉部分一起做成涼拌菜

※圖為餐點一例。

馬飼野牧場的春季盛事
馬飼野牧場4～5月會舉辦期間限定的體驗活動，可幫牧場的綿羊剃毛。因為是相當難得的體驗而深受歡迎，剃下來的羊毛還可以帶回家。

樂趣無窮的觀光牧場

馬飼野牧場 まかいのぼくじょう

可以騎馬或體驗擠牛乳等，與動物近距離接觸。除了製作奶油與起司，也有陶藝與自然工藝品製作等各式各樣的體驗活動，可留下美好的回憶。

☎0544-54-0342 △靜岡縣富士宮市內野1327 ⏰9:00～18:00(依季節而異) 困無休(12月～3月20日週三休，有時會不定休) ¥800日圓 Ｐ有 🚌巴士站まかいの牧場即到 MAP79

購買牧場美味當做伴手禮

包括牛乳在內，優格、布丁、蛋糕等牧場製作的美食皆是極品。製程講究的乳製品種類多樣齊全。

富士山牧場的澤西牛肉咖哩
1人份（200g）460日圓
加入自製優格增添香濃風味，製作成口感香辣的咖哩

優酪乳
（150ml）210日圓
使用100%生乳，清爽又溫和的口感

牛乳
1瓶
（900毫升）520日圓
牧場自製低溫殺菌的無均質牛奶，喝起來接近現擠的風味，香濃甘醇

富士山起司蛋糕
1個1250日圓
由工作人員以自家牛奶手工製作出濃醇的起司蛋糕

各式各樣的體驗活動

騎馬體驗
可以體驗牛仔爽快感的必玩體驗項目
⏰9:30～17:00(冬季10:00～16:00) ¥短程500日圓，長程800日圓

綿羊放牧體驗
把綿羊從羊圈中趕出來，再一氣趕到放牧的地點
⏰10:00～需洽詢(冬季11:00～) ¥免費

擠牛乳
先用練習道具演練，抓到訣竅後再實際上場
⏰11:30～11:50、13:30～13:50 ¥免費

陪山羊散步
配合山羊的步調一起散步，是牧場特有的體驗活動
⏰10:00～16:00(冬季～15:30) ¥20分300日圓

富士山麓／產地直送美食與牧場樂趣

馬飼野牧場的門票1個月內有效，不管來幾次都可以使用，用過後還可以當成9折的折價券，很難讓人不好好運用一下。

在御殿場Premium Outlets 選購自己喜愛的品牌

集結了約210間店鋪，從流行商品到生活用品應有盡有，
是日本規模最大的暢貨中心。內部仿照北美老街打造而成，
不妨在有買威的時尚空間盡情購物。

1 UNITED ARROWS
ユナイテッドアローズ

品味不凡的設計相當受歡迎

提供設計感十足的日常休閒服飾而頗具好評的
精品店，店內陳列了女性、男性的服飾商品，
可用原價4折～7折的價錢購買。

→呈現出美麗藍色、布料質
地挺的上衣

↓引領潮流的胭脂色，
使用帶有光澤絲線製作
的壓褶裙

↓觸感柔軟舒適的
小碎花洋裝

↓看起來像是內搭
加上外衣的假兩件
式針織衫

2 ROPÉ
ロペ

一手包辦休閒與正式服裝

店裡擺放著ROPÉ與ROPÉ PICNIC的商
品，從日常生活穿著的休閒服飾到別緻的
正式洋裝一應俱全，以豐富的商品款式為
最大魅力。

WEST區域

本區店鋪以國際名牌與休閒服飾
品牌為主，接駁巴士起訖的巴士
圓環也在這裡。

West Square

UNITED ARROWS　接駁巴士 ？

Hill Street

EAST東區

Crazy Crepes

ROPÉ

Park Street

Main Street West

免費接駁巴士
從御殿場站發車

免費接駁巴士從JR御殿場站
出發，途經東名御殿場IC。
首班車為9點半，到營業結
束的30分前，每小時10、
30、50分發車。

嘴饞的話
就到

Crazy Crepes
クレイジークレープス

→瘋狂草莓
500日圓

販售最適合當作點心的可麗餅，吃完甜食稍作
休息後又可以開始血拼。

↑在廣闊的腹地內購物　　↑正面就是富士山的夢幻大橋　　↑暢貨中心內可觀賞富士山　　↑販售女性服飾的ROPÉ

御殿場MAP
周邊圖○附錄富士山周邊MAP
御殿場市役所
河口湖
東京
御殿場Premium Outlets P.82
鮎沢
車程3分
御殿場站
東田中
御殿場IC
東山
御殿場市
乙女森林公園露營場
湖水前
箱根
靜岡
御殿場天然温泉 富士八景の湯 P.84
秩父宮紀念公園
246
138

將車輛停在場外停車場避開車潮

由於旺季時附近的停車場可能會車滿為患，建議先將車輛停在稍遠的場外停車場，再轉乘由場外停車場發車的免費接駁巴士，前往暢貨中心。

御殿場Premium Outlets

ごてんばプレミアムアウトレット

☎0550-81-3122 住靜岡県御殿場市深沢1312 ⏰10:00～20:00(12～2月～19:00) 休每年1次，2月第3週四休 P有(約5000台) JR御殿場站搭乘免費接駁巴士約15分 MAP83 ※2015年10月時的資訊

3 Ciaopanic チャオパニック

獨具品味的休閒服飾

女性與男性服飾品項眾多，鞋子與皮包等配件也相當齊全，可以在此買齊全身穿搭。

←腰部的心型裝飾是背面的亮點

↑基本款的風衣，附內裡，非常實用

EAST區域

本區除了高級品牌外，還有許多運動品牌店。午餐還可以在有日式、西式、中式餐點的Food Bazaar用餐。

4 Spick & Span スピックアンドスパン

以柔美服裝提升女人味

休閒服飾品牌，有許多剪裁出色的商品。無論正式或非正式場合都可搭配的外套與洋裝品項也十分豐富。

→想搭配休閒風時也能派上用場的正式外套

←有花邊裝飾的上衣可以搭配正式外套

Sweet Factory Plus
←WEST區域
Main Street East
PLAZA
Food Bazaar
Center Court
Southern Avenue
Northern Street
Pine Street
Spick & Span
Ciaopanic
East Square
服務處
洗手間
ATM
投幣式置物櫃

東京都內出發的直達巴士很方便

東京站、新宿站有JR關東巴士的直達巴士「御殿場プレミアム・アウトレット号」，兩地的來回票價皆為2880日圓。

↓販賣國外進口雜貨的PLAZA

↓在噴水池廣場小憩片刻

↓Sweet Factory Plus販賣秤重糖果

↓營造出一片時尚街景

依季節會有不同的活動與促銷折扣，出門前記得先看一下官方網站（※刊登照片皆為示意圖）。

一人獨享富士山的美景
在富士見泡湯度過放鬆時刻

富士山周邊有幾個以泉質著稱的溫泉區，
泡在景觀出眾的浴池，欣賞日本最高峰的富士山一邊放鬆，
總覺得能夠從中得到活力。

富士山與御殿場市區一覽無遺的露天浴池

御殿場天然溫泉 富士八景の湯 ごてんばてんねんおんせんふじはっけいのゆ

位於富士見三大隘口之一的乙女峠山腰，海拔600公尺，以泉源取自100%天然溫泉為傲的純泡湯設施。可以從正面欣賞富士山，可從露天浴池將御殿場市區的景色盡收眼底。設施內有餐飲店、休息室、睡眠室等，十分完善。

☎0550-84-1126
🏠靜岡縣御殿場市深沢2564-19
🕙10:00～21:00 🈺無休 💴1000日圓
（週六日、假日1300日圓）🅿有 ‼JR
御殿場站車程10分（有免費接駁巴士從御殿場站發車）MAP83

❶坐在休息室的椅子上欣賞富士山，眼前沒有任何障礙物 ❷有木頭棧台的開放式露臺，高原清風讓人心曠神怡 ❸以天然石打造的露天浴池觸感良好，可從正面眺望富士山

冬季滿晨或許可以欣賞紅富士

山中湖溫泉紅富士の湯 やまなかこおんせんべにふじのゆ

不論是從露天浴池或室內浴池都可以觀賞富士山景色。室內浴池除了全身浴池，還有躺著泡的寢湯、氣泡湯、溫度較低的源頭湯等，各種設備齊全。還有另外計費的岩盤浴。

☎0555-20-2700 🏠山中湖村山中865-776 🕙10:00～20:30（12～2月為週六日、假日6:00～）
🈺週二（逢假日則營業，7～9月無休）
💴700日圓、岩盤浴（40分）700日圓
🅿有 ‼巴士站紅富士の湯下車即到
MAP48 B-3

❶日出前一刻，佈滿白雪的富士山被染上了紅色 ❷位於山中湖的西側，交通也十分便利 ❸可以從綠意環繞的寬敞露天浴池遠眺富士山

從純和風的浴池與休息室欣賞壯麗的富士山

ふじやま温泉 ふじやまおんせん

建於富士山麓的純泡湯設施，擁有品質傲人的溫泉。溫泉中含有豐富的偏硅酸，具有美肌的效果。在露天浴池與御影石大浴池泡完湯後，可享受美體按摩服務，或在芳療室好好放鬆。

☎0555-22-1126
⌂富士吉田市新西原4-1524
⏰10:00～22:00 ㉺無休（每年因設備維修會有幾天暫停營業）¥1250日圓（週六、日、假日、過年期間、黃金週、夏季1550日圓）Ⓟ有
‼富士急行線富士山站車程5分（有免費接駁巴士從富士山站發車）
ᴹᴬᴾ17 E-3

1大浴池的天花板的樑柱由欅木、檜木、松木組成，相當美觀 2也有散發自然風味的露天浴池

在網羅富士山、絕景、奈米水的天然溫泉恢意放鬆

富士眺望の湯ゆらり ふじちょうぼうのゆゆらり

館內網羅了可以眺望富士山絕美景緻的全景浴池、泡完湯身體暖呼呼的碳酸泉等16種別具匠心的浴池，享受一下能更有效吸收溫泉成分的奈米水溫泉，提升溫泉對於人體的保溫、保濕、滲透效果。

☎0555-85-3126
⌂鳴沢村8532-5 ⏰10:00～22:00 ㉺無休 ¥1300日圓（週六日、假日1500日圓，19:00以後為1100日圓）
Ⓟ有 ‼巴士站富士綠の休暇村步行3分 ᴹᴬᴾ16 A-4

1可以在「お狩場」品嘗到甲州名產燉託鍋 2空間遼闊的豐峰露天浴池

在富士眺望の湯ゆらり，餐點會由SL列車載送而來的餐廳「お狩場」十分受歡迎。

散發春天氣息的粉色桃樹林
初夏是甜美蜜桃成熟的時節

冒出新芽的葡萄園
夏季到秋季之間會結滿果實

勝沼 葡萄鄉・桃花源

勝沼是日本最負盛名的葡萄酒鄉，
酒莊巡禮的試飲與釀造廠參觀等深具魅力。
水果王國山梨有櫻桃、水蜜桃、葡萄等水果，
是可以體驗各式各樣採果樂趣的地區。
春天時整片桃樹林穿上粉紅外衣，
還可以享受賞花樂趣。
此外，也推薦能眺望
富士山與甲府盆地景觀的溫泉設施。

大略地介紹一下勝沼‧一宮御坂‧山梨市

坐擁廣大葡萄園與水蜜桃園，日本首屈一指的水果王國——山梨，
最具代表性的地區，也擁有許多葡萄酒釀造廠。
春天時不妨前來探訪渲染成一片粉色的桃花源吧。

首先去哪裡好呢？

做好旅行的萬全準備&遊覽當地的實用資訊

到當地蒐集最新資訊

JR勝沼葡萄鄉站內與JR鹽山站內設有甲州市觀光服務處，可以蒐集當地特有的最新資訊（JR勝沼葡萄鄉站內的服務處冬季暫停服務）。

葡萄酒莊二三事

除了部分葡萄酒莊外，幾乎所有的葡萄酒莊都可以免費參觀，只是有的需要事先預約。有些葡萄酒莊的試飲要另外收費，記得事先確認。體驗活動基本上都需要預約。

提供餐點的農園&葡萄酒莊

部分觀光農園與葡萄酒莊供應餐點，有些更設有餐飲處。除了附設餐廳，還有可以烤肉的農園與葡萄酒莊。

觀光農園二三事

由於水果的收成時期會受到種類、品種、天候影響而異，出門前請先向當地農園洽詢。除部分農園外，大部分的農園入園需事先預約。

特急列車會臨時停車

特急列車不停靠勝沼葡萄鄉站，但是春季到秋季間的週六日、假日等，部分特急列車會臨時停靠，搭乘前記得確認時刻表。

搭乘甲州市民巴士

勝沼地區有「葡萄路線（ぶどうコース）」、「葡萄酒路線（ワインコース）」巴士行駛，不分搭乘距離一律一次300日圓。不過車班不多，搭乘前必須事先確認時刻表。
甲州市市民課生活担当☎0553-32-5068

桃花源主要分布在一宮御坂IC周邊

春天時便會染上一片粉紅色彩的桃花源，尤以中央自動車道的一宮御坂IC（交流道）一帶最美而廣受好評。利用鐵路前往時，從勝沼葡萄鄉站或山梨市站搭乘計程車前往較方便。

洽詢處

甲州市觀光交流課
☎0553-32-5091
笛吹市觀光商工課
☎055-262-4111
山梨市觀光課
☎0553-20-1400

甲州盆地夜景與
水果之鄉

山梨市 P.110

以葡萄或水蜜桃
做成的水果甜點與
可欣賞甲府盆地夜景的
露天浴池等是
不可錯過的重點。

一望無盡的
葡萄園與酒莊
勝沼 P.92

可一邊試飲
一邊遊覽葡萄酒莊，
或與三五好友一起
享受採葡萄的樂趣。

染成粉色的
春季風景
一宮御坂 P.98

桃花一齊綻放
百花爭艷的春季風景，
宛如走進了桃花源。
採水蜜桃的季節是
7月上旬～9月中旬左右。

位於山梨市的笛吹川水果公園，4月上旬～中旬公園內的桃花盛開，空氣中飄散著桃花的香氣。

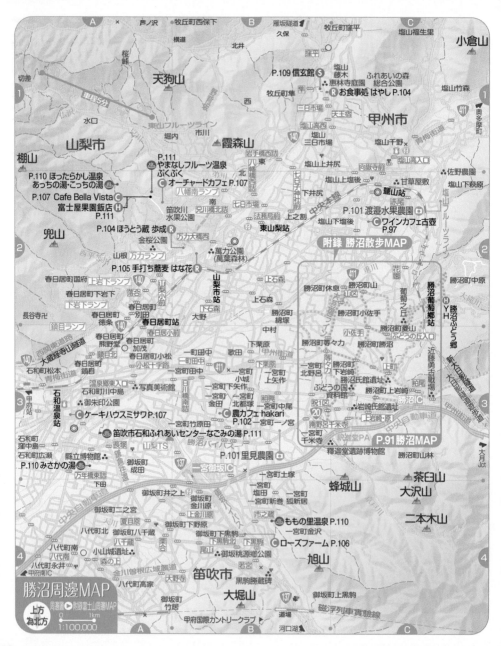

勝沼周邊MAP

上方為北方

周辺圖 ▶附錄富士山周邊MAP

0 1km
1:100,000

P.109 信玄館
お食事処 はやし P.104

P.111 やまなしフルーツ温泉 ぷくぷく
オーチャードカフェ P.107
P.107 Cafe Bella Vista
富士屋果園飯店 P.111
P.104 ほうとう蔵 歩成

P.105 手打ち蕎麦 はな花

P.110 ほったらかし温泉 あっちの湯・こっちの湯

附録 勝沼散歩MAP

P.101 渡邊水果農園
ワインカフェ古壺 P.97

ケーキハウスミサワ P.107
農カフェ hakari P.102
笛吹市石和ふれあいセンターなごみの湯 P.111
P.110 みさかの湯
P.101 里見農園

P.91 勝沼MAP

ももの里温泉 P.110
ローズファーム P.106

90

勝沼MAP

東後屋敷
法伝寺卍
西広門田橋
鹽山站
卍立正寺
花園
千将寺卍
鹽山站
新宿隧道
中央本線

山梨市
光福寺卍
卍妙正寺
清水橋
①マンズワイン
くろがねや前
両條路線在山麓交叉路口〜鹽山站之間僅於平日行駛
卍全応院
中原寺卍
三光寺卍

八幡神社卍
勝沼町山
山交点北①
山上野集会場
P.92 葡萄之丘
P.92 葡萄酒商店 ⑤
P.93 葡萄酒景觀餐廳 ⑥
P.93 BBQ ⑥
P.93 餐廳「思蓮」 ⑥
P.93 葡萄之丘飯店 ⑪
岩戸観音卍
青苔卍寺
菱山小
古宮太神
通神社卍
金刀比羅宮卍
菱山郵局

P.109 葡萄工房ワイングラス館 ⑤
勝沼町休息
正覚院卍
大塚橋
穴田橋
新赤坂橋
赤坂 赤坂
御所天神堂
黒橋
勝沼葡萄郷站
卍三光寺
卍福泉寺

丹沢湖
健康福祉センター
⑤ 四季菜 KATSUNUMA FARMER'S MARKET P.103
⑧ TOMATO-KAN P.103
⑧ JUICE BAR P.103
⑧ Popos P.103
錦城葡萄酒①
天空之湯♨
ぶどうの原団地 ×

P.105 一味家 ⑥
P.108 バンテーブル
JA・
四季の里
子安橋北詰
横落
卍 勝沼にこにこ市場 P.108
P.92 葡萄之丘美術館 ⑥
P.93 美術館内喫茶 ⑥
大久保寺卍
ナーシングセンター

ハーブ庭園旅日記
東漸橋
東漸町卍サンマート ⑤
勝果園
伏木橋
ぶどうの丘入口

大石神社卍
P.101 あすなろ園 ⑥
甲州市
東林橋
甲楽園
日休入口
勝沼町菱山

万福寺卍北
卍専立寺
卍報恩寺
勝沼病院卍 勝沼病院
卍諏訪神社
勝沼町勝沼
泉勝院
①シャトー勝沼
⑥レストラン鳥居平 P.96

P.105 皆吉 ⑥
シャレーゼ
卍成就寺
アサヤ
勝沼中央
中央公園
原茂園
横町

L'ORIENT WINE
白百合醸造 P.95
勝沼町等々力
⑤ 岩間ベーカリー P.108
勝沼小
旧田中銀行前
上行寺卍
雀宮神社卍

中央葡萄酒・Grace Winery
⑪わいんと宿 川口園 P.111
ぶどう
上町

P.96 レストラン シャンモリ ⑥
盛田甲州ワイナリー
河川公園前
勝沼宿
勝沼氏館
珠溪園
仁果園

P.94 Chateau Mercian
蒼龍葡萄酒
宮光園
シャトー・メルシャン
ワイン資料館
ワインギャラリー
甲斐古國卍
新祝橋
卍金剛寺
勝沼大橋
勝沼町下岩崎
大泉葡萄酒
ぶどうの国文化館
祝小 P.95
金盛園
甲斐徳本碑

⑥ワイナリーレストラン Zelkova P.97
⑥ビストロ・ミル・ブランタン P.97
⑥ぶどう畑のレストラン 風 P.96
ダイヤモンド酒造
KURAMBON WINE
岩崎氏館遺址
川崎園
太郎橋
大月橋

笛吹市
一宮町南野呂
徳本寺卍
農協前
JA直売所
勝沼替戸通道
トワ園
氷川神社卍
勝沼町上岩崎
石尊山

延命寺卍
田草川
藤井交差點北
② 20
善導寺卍
丸藤葡萄酒工業 P.95
まるき葡萄酒①
釈迦堂前
岩崎氏館遺址
上岩崎公園前
徳岩院卍
勝沼IC

甲府
南野呂千米寺卍
藤井南卍
卍円常坊
祝8区集會所前
石尊山
氷川神社前
勝沼町上岩崎
石葉神社卍
大月Jct

金山神社卍
阿弥陀寺卍
卍太神宮
一宮御坂IC
釈迦堂RA
釋迦堂遺跡博物館 P.109
一宮町千米寺
勝沼町藤井
一宮町中尾
中央自動車道
石尊山

釋迦堂遺跡博物館 P.109
甲州市市民巴士（葡萄路線）
甲州市市民巴士（葡萄酒路線）

勝沼MAP
周邊圖 ▶左圖
上方為北方
0   300m
1:30,000

葡萄園景色盡收眼底
探訪葡萄之丘

勝沼葡萄鄉的地標,葡萄之丘。
到甲州市產葡萄酒齊聚一堂的酒窖,
選出自己喜歡的1瓶帶回家。

180分 整個繞上一圈

不妨先去可試飲200種葡萄酒的酒窖,試飲中途想稍作休息前往餐廳等地也OK,小憩後可以再回到酒窖繼續試飲。

建議時段

位於建築物地下室的葡萄酒窖散發出倉庫的氣氛

可以試喝甲州市內29家酒莊的葡萄酒

購買1100日圓的試飲用具——試酒碟後開始品酒

葡萄酒商店／陳列著甲州市內29間酒莊約200種葡萄酒,還有葡萄周邊商品、山梨的特產品等。
⏱8:00~20:00

勝沼葡萄鄉的地標
葡萄之丘 ぶどうのおか

座落於可俯瞰葡萄園的小山丘上,是人氣景點。腹地內除了有可試飲甲州市產葡萄酒的酒窖,溫泉、餐廳、飯店、美術館等設施應有盡有。還可以觀賞甲州盆地與南阿爾卑斯山的景色。

☎0553-44-2111
⌂甲州市勝沼町菱山5093
㊡不定休(設施維修日休館)
Ｐ有
🚌巴士站ぶどうの丘即到
MAP91 C-2

葡萄之丘美術館／⏱10:00~17:00
(假日9:30~)　㊡免費參觀

1 可欣賞當地畫家的作品
2 擺滿了各式各樣使用葡萄酒與水果製作的點心
3 建於小山丘上的「葡萄之丘」

一邊觀賞葡萄園景色一邊烤肉

BBQ／⏰11:00～16:00、晚上僅接受10人以上的訂位／¥套餐1700日圓～

露天浴池可以欣賞勝沼市區與南阿爾卑斯山的景色

天空之湯／⏰8:00～21:00／¥610日圓(3小時)

使用大量葡萄酒製作的洋食魅力十足

葡萄酒景觀餐廳／⏰11:30～20:00／¥午間套餐1500日圓

和室宴會場　活動廳
詢問處 大廳・商店
愛之泉・維納斯
星降之岬・希望之鐘
遊步道
美術館專用
●美術館
巴士專用

以實惠價位入住飯店

葡萄之丘飯店／IN15:00、OUT10:00／¥1泊附早餐7550日圓～

坐在視野極佳的座位享用鄉土料理

餐廳「思蓮」／⏰11:30～20:00／¥思蓮鰭飩1150日圓

品嘗水果甜點小憩片刻

美術館內喫茶／⏰10:00～17:00／¥葡萄之丘原創水果塔620日圓

葡萄之丘飯店（ぶどうの丘ホテル）所有客房皆附溫泉浴池，房客還可以免費泡天空之湯。

在葡萄酒的故鄉‧勝沼
遊覽酒莊尋找頂級葡萄酒

日本產葡萄酒的發源地，勝沼現在約有70座酒莊，
前來參觀酒莊、試飲葡萄酒，
就能得知勝沼葡萄酒的歷史與魅力，以及美味的秘密所在。

1 試飲室位於這棟具設計感的建築物2樓，也可在此選購葡萄酒
2 來挑選心儀的葡萄酒吧
3 特選葡萄酒：GRACE甲州（白酒‧750ml）開放價格

1 可學習日本葡萄酒的歷史，同時深入了解葡萄酒文化
2 參觀專門釀造葡萄酒品種的葡萄園
3 特選葡萄酒：Château Mercian 甲州きいろ香（白‧750ml）2780日圓

中央葡萄酒‧Grace Winery

ちゅうおうぶどうしゅグレイスワイナリー

創立於1923年的老字號酒莊，致力於日本原生品種「甲州」葡萄的葡萄酒釀造，葡萄酒還出口至倫敦。釀造以將勝沼風土與甲州葡萄風味發揮到極致的葡萄酒為終極目標。

☎0553-44-1230 ⌂甲州市勝沼町等々力173 ⏰9:00～16:30 休無休 ￥了解甲州葡萄的酒莊之旅（100分，需預約）2500日圓 P有 🚌巴士站等々力公民館前步行3分 MAP91 A-2

以勝沼的風土釀出世界名酒

Château Mercian

シャトー・メルシャン

擁有超過130年歷史的酒莊，訪客中心提供酒窖參觀與試飲的服務。葡萄酒展示中心有咖啡廳與商店，可以更進一步感受葡萄酒的魅力。

☎0553-44-1011 ⌂甲州市勝沼町下岩崎1425-1 ⏰9:30～16:30 休週二（逢假日則翌日休）￥免費參觀，酒莊導覽（約60分，需預約）500日圓、（約90分，需預約，僅限週六日、假日）1000日圓 P有 🚌巴士站ワイン村河川公園前即到 MAP91 B-3

徹底認識勝沼葡萄酒的過去到未來

勝沼　葡萄鄉／遊覽酒莊尋找頂級葡萄酒

傾注熱情釀造葡萄酒 創業120餘年的老酒莊

1導入直線樹籬式栽培的葡萄酒專用品種葡萄園 **2**每一個小地方都可以感受到老字號酒莊的用心 **3**特選葡萄酒：Rubaiyat Kōshu Sur Lie（2013年白酒·720ml）1944日圓

丸藤葡萄酒工業

まるふじぶどうしゅこうぎょう

RUBAIYAT的葡萄酒品牌遠近馳名。以第4代的大村春夫為中心，導入釀酒品種的直線樹籬式栽培及甲州品種Sur Lie的製法等，採用世界公認的葡萄酒釀造方式釀造。

☎0553-44-0043 　↑甲州市勝沼町藤井780 ⏰8:30～16:30 🈺1～3月的週六日、假日（事先預約則開放參觀、商品販售）💴免費參觀，收費導覽之旅（參加人數約10人，需事前預約，介紹葡萄園、酒莊與6種葡萄酒試飲，20000日圓，費用及行程可洽談）🅿有 🚌巴士站釈迦堂入口即到 🗾91 A-4

貼上親手製作的標籤做出屬於自己的葡萄酒

1記得參觀設計厚實穩重的儲藏酒窖 **2**可以製作自己的葡萄酒標 **3**特選葡萄酒：內田義式白蘭地（200ml）2160日圓

L'ORIENT WINE白百合釀造

ロリアンワインしらゆりじょうぞう

以淺顯易懂的方式介紹裝桶到釀造、儲藏的酒廠導覽，此外還可以體驗製作專屬酒標、裝瓶（需預約），費用1750日圓，可做為參觀酒莊的紀念。

☎0553-44-3131 　↑甲州市勝沼町等々力878-2 ⏰9:00～17:00 🈺9月的葡萄酒祭（需洽詢）💴免費參觀 🅿有 🚌巴士站等々力公民館前步行5分 🗾91 A-3

以發揮勝沼葡萄酒風味的葡萄酒釀製為目標

1瀰漫著芳醇酒香的酒桶儲藏庫 **2**洋溢超過100年歷史風情的主建築物 **3**特選葡萄酒：Adiron 氣泡酒（甜紅酒·720ml）1950日圓

KURAMBON WINE

くらむぼんワイン

試飲室與葡萄酒資料館所在的主建築歷史達100年以上，感受得到其悠久韻味。使用勝沼產甲州葡萄，推出每年釀造數量有限的FOUR SEASONS等，充分發揮葡萄風味的葡萄酒深獲好評。

☎0553-44-0111 　↑甲州市勝沼町下岩崎835 ⏰8:30～17:30 🈺無休 💴免費參觀 🅿有 🚌巴士站図書館·文化館即到 🗾91 B-3

每年11月都會舉行新酒的活動，有興趣的話不妨順道調查一下。

每一道都是主角
葡萄酒與餐點美味兼具的餐廳

勝沼周邊，包括酒莊直營的餐廳在內，
有許多可搭配葡萄酒用餐的店家散佈各地。
不妨一手拿著高腳杯，享用美食與美酒的完美合奏。

↑鳥居平午餐1620日圓～

↑現烤的特選烤和牛，午間套餐（需預約）3780～6480日圓

↑薄切日本產沙朗牛，單點2700日圓、午間套餐3400日圓

欣賞南阿爾卑斯山
品味道地法式美食

レストラン鳥居平

‖ 勝沼 ‖ レストランとりいびら

位於シャトー勝沼2樓的道地法式餐廳。店內可以眺望南阿爾卑斯風景，以及品嘗甲州葡萄酒牛與甲州信州豬等，提供與紅酒十分搭調且使用在地食材烹調的菜色。

享用當地葡萄酒可以杯裝

法國菜 ☎0553-44-3080
⌂甲州市勝沼町菱山4729 ⏰11:00～22:00（午餐～15:00、晚餐17:30～）
⊠無休 🅿有 🍴巴士站ナーシングセンター步行7分 **MAP** 91 C-3

濃縮牛肉的美味精華
引以為傲的英式烤牛肉

ぶどう畑のレストラン 風

‖ 勝沼 ‖ ぶどうばたけのレストランかぜ

葡萄園一覽無遺的歐風餐廳，特選和牛的英式烤牛肉廣受好評。提供主菜搭配全餐等選擇，可自由組合。午餐或晚餐都需事先預約。

仿照長崎的大浦天主教堂打造的店內

洋食 ☎0553-44-3325 ⌂甲州市勝沼町下岩崎2171 ⏰11:30～14:30、17:00～20:00（週六日11:30～13:00、13:30～15:00）⊠週三（逢假日則翌日休）🅿有 🍴巴士站図書館・文化館步行6分 **MAP** 91 B-4

提供食材講究的
豐富菜色

レストラン シャンモリ

‖ 勝沼 ‖

盛田甲州酒莊附設的餐廳，店內採挑高設計，眼前就是一大片葡萄園，給人開放廣闊的感覺。午間套餐的湯品、沙拉、飲料等採自助式取用。

最多容納120席的寬敞店內

餐廳 ☎0553-44-5556
⌂甲州市勝沼町下岩崎1453 ⏰11:30～14:30、17:00～20:30 ⊠週二（逢假日則營業）、7月下旬～10月底無休 🅿有 🍴巴士站ワイン村河川公園前即到 **MAP** 91 B-3

↑招牌午餐1850日圓

↑MENU Zelkova 3600日圓～

↑午間全餐（2人～，最晚用餐2天前須預約）2916日圓～

勝沼　葡萄鄉／葡萄酒與餐點美味兼具的餐廳

搭配歐風佳餚
享用各種葡萄酒

ビストロ・ミル・プランタン

‖勝沼‖

這家小餐館可品嘗包括法國菜在內的歐洲鄉村美食，食材主要使用甲州麥芽牛等山梨縣產的食材。店主本身就是侍酒師，店內葡萄酒約有250種，藏酒十分豐富。

佇在典雅的餐廳享用著侈的午餐

法國菜 ☎0553-39-8245
⬠甲州市勝沼町下岩崎2097-1 ⏰11:30～14:30、17:30～21:00 休週三 Ｐ有
‼JR勝沼葡萄鄉站車程6分
MAP91 A-4

欣賞葡萄園的景色
品嘗在地的當季食材

ワイナリーレストラン Zelkova

‖勝沼‖ワイナリーレストランゼルコバ

座落在葡萄園中的Lumiere Winery直營餐廳。挑高的天花板搭配暖爐營造出頗具質感的空間，可盡情享用以法式手法烹調當地新鮮食材的餐點。

可品味當地食材與葡萄酒的餐廳

法國菜 ☎0553-47-4624 ⬠笛吹市一宮町南野呂624 ⏰11:30～14:00、17:30～20:30（需預約）休4～8月、12月的週二（9～11月無休、1～3月週一二休）Ｐ有
‼JR勝沼葡萄鄉站車程15分 MAP91 A-4

在倉庫改裝的咖啡廳
品嘗葡萄酒度過優雅時光

ワインカフェ古壺

‖鹽山‖ワインカフェここ

將登錄為國家有形文化財的倉庫重新裝潢為沉靜空間的咖啡廳。採用在地食材製作的午間全餐與手工蛋糕等，可搭配甲斐酒莊的葡萄酒一起享用。

蛋糕度過午茶時光享用店家自製的起司

咖啡廳 ☎0553-32-2032 ⬠甲州市塩山下於曽910 ⏰10:30～18:00（晚餐、營業時間外預約）休週四（逢假日則營業）Ｐ有
‼JR鹽山站步行13分 MAP90 C-2

每家餐廳都有侍酒師，可根據自己的喜好與點用的午餐請對方推薦適合的葡萄酒。

讓人心情愉悅的季節到來
春天時一片粉色的桃花源

一到4月，水蜜桃產地的御坂與一宮地區
桃花爭相綻放，整片桃樹林都換上粉色新裝。
不妨至此遊覽春季花香圍繞的世外桃源。

當地還會舉辦活動
前往水蜜桃之鄉賞花去

笛吹市以日本最大的水蜜桃產地聞名，約有30萬株的桃木。每到4月，深粉紅色的桃花就接連綻放，像是要追逐早一步捎來春天訊息的櫻花般，盛開時如同鋪上一整片粉紅色彩的地毯，美不勝收。配合桃花的開花季節，每年3月下旬～4月下旬會舉辦「笛吹市桃源鄉春祭（笛吹市桃源鄉春まつり）」，可以參加市內各地的多種活動。

例如，以花鳥之里運動廣場（花鳥の里スポーツ広場）為起點設置的賞花散步路線，可以在桃花圍繞的御坂町內遊逛玩賞。此外，市內7處的「笛吹七福櫻」也會打上燈光，營造如夢似幻的氣氛。

春天明朗活潑的氣氛與水蜜桃的芳香就像是在發出邀約，一起前往粉色的水蜜桃之鄉賞花吧。

MAP 99

不妨拍張可愛
小花的照片

祭典亮點是「川中島合戰戰國繪卷」

桃源鄉春祭的主要活動，是重現武田軍VS上杉軍川中島戰役的「川中島合戰戰國繪卷」活動，穿著盔甲的武者們氣勢凌人。

笛吹市 桃源鄉春祭 （3月下旬～4月下旬）

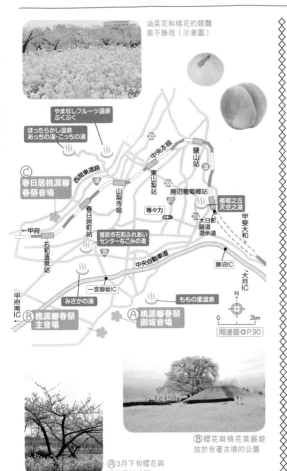

油菜花和桃花的競艷美不勝收（示意圖）

やまなしフルーツ温泉ぷくぷく

ほったらかし温泉あっちの湯・こっちの湯

中央本線
塩山站
38
東山梨站
勝沼葡萄鄉站
140
山梨市站
等々力
葡萄之丘天空之湯
春日居町站
大日影隧道遊步道
甲斐大和
© 春日居桃源鄉春祭會場
→甲府
笛吹市石和ふれあいセンターなごみの湯
石和温泉站
中央自動車道
勝沼IC
20
→甲府南IC
一宮御坂IC
みさかの湯
大月IC
ももの里温泉
N
Ⓑ 桃源鄉春祭主會場
Ⓐ 桃源鄉春祭御坂會場
0   2km
周邊圖 ◆P.90

©櫻花與桃花美麗綻放於有著古墳的公園

©3月下旬櫻花與桃花爭相盛開

Ⓐ 桃源鄉春祭御坂會場

附近景點極多，如活動會場的花鳥之鄉運動廣場，以及可以欣賞桃花與南阿爾卑斯山的御坂桃源鄉公園，再加上2000株櫻花盛開的御坂站櫻花公園等。

☎055-262-2271（笛吹市桃源鄉春祭御坂運營委員會）⌂笛吹市御坂町大野寺250（花鳥の里スポーツ広場）‼巴士站尾山步行15分

Ⓑ 桃源鄉春祭主會場

以坐擁古墳的八代故鄉公園為會場，舉辦戶外茶會與體驗騎馬的活動。遠方有南阿爾卑斯山與八岳做背景，在此欣賞桃花與「甲州鹭影櫻」等300株櫻花。

☎055-261-2829（笛吹市觀光物產聯盟）⌂笛吹市八代町岡2223-1（八代ふるさと公園）‼JR石和溫泉站車程20分

Ⓒ 春日居桃源鄉春祭會場

四周都是水蜜桃園的會場裡，有許多攤販設攤，吸引賞花人潮聚集。4月時在山梨岡神社北方的御室山點上笈形燒的光景極為夢幻。

☎0553-26-3111（笛吹市春日居支所地域住民課）⌂笛吹市春日居町鎮目1323（春日居スポーツ広場）‼JR石和溫泉站車程7分

搭火車的人可從車站搭乘巴士遊逛
春季賞花巴士（春の花見バス）

旅行團形式的「春季賞花巴士」（事先預約制）以賞桃花的景點為主，繞行於活動會場等地。還有1000人以上的盔甲武士參與的川中島合戰戰國繪卷等，活動豐富多樣。
春季賞花巴士 ￥1000日圓～
✉ http://www.fuefuki-kanko.jp

桃花源／春天時一片粉色的桃花源

笛吹市周邊有大量溫泉湧出，賞花的回程要不要順便泡個湯暖暖身子呢。

在水果王國 · 山梨
採收當季水果

果香飄來，彷彿是在邀請我們出發前往山梨。
不妨依照自己的喜好與目的尋找適合的農園，
出門去採美味的水果。

出門前先確認才能安心盡情地享受採水果的樂趣

●需預約、洽詢

雖然有些農園不需要預約就可以採水果，但收成時期會因每年的天候狀況等而異，建議事先蒐集資訊、洽詢。建議出發前再次確認，最好也先問清楚雨天時的對策。

●服裝建議

最好穿著容易活動、弄髒也沒有關係的服裝。日照強烈的日子務必準備帽子，鞋子避免穿高跟鞋等。農園裡一定會有蟲，記得要做好防止蚊蟲叮咬的準備。

●「免費試吃」與吃到飽是兩回事

「免費試吃（試食無料）」是指農園準備或工作人員摘的水果可以免費試吃，與吃到飽（食べ放題）不同。試吃數種水果後，可以付費摘取或買下喜歡的水果，記得先詢問農園的工作人員。

●出門前確認清楚採水果的基本規則

如果只是採水果，基本上什麼都不帶也OK。若想要把水果帶回家，大部分的農園是採秤重計費外加費用的方式，工作人員會準備裝水果的盒子。把自己的提袋帶進農園容易引發糾紛，最好儘量避免。

食用葡萄與釀酒用葡萄的差異？

果園中廣受歡迎的大顆葡萄或無籽葡萄都是為了食用而研發出來的品種，釀葡萄酒用的葡萄則是小顆且籽很大，不過糖度非常高。

採水果季節月曆

	1月	2月	3月	4月	5月	6月	7月	8月	9月	10月	11月	12月	
採草莓													以山梨市為主，從冬季到春季都可得到。
採櫻桃					5月下旬～6月中旬								栽種於鹽山一帶，著名品種有佐藤錦、高砂、紅秀峰等。
採水蜜桃							7月上旬～9月中旬						有日川、白鳳、淺間等品種，農園分布在一宮、御坂（笛吹市）。
採葡萄							7月下旬～11月上旬						勝沼周邊約有130家葡萄園，有許多品種，如巨峰、甲斐路、甲州等。

採草莓：12月下旬～5月中旬

 櫻桃

渡邊水果農園
‖鹽山‖わたなべフルーツのうえん

味道與服務都令人滿意的農園

占地約1200坪，果園中有高砂、佐藤錦、紅秀峰等約10種櫻桃結實累累，以少量農藥栽培的果實有多層次的風味。工作人員溫馨的待客方式，也吸引不少每年前來光顧的常客。
☎090-7235-6609 ⌂甲州市塩山下萩原2351 ⏰6月上旬～6月下旬、9:00～16:00（平日需預約）㊡開放期間無休
¥櫻桃40分吃到飽（附件手禮）2000日圓 Ⓟ有 ‖JR鹽山站車程5分（提供接送服務，需事先聯繫）
MAP 90 C-2

↑採收結實累累的的甜美果實

 水蜜桃

里見農園
‖一宮町‖さとみのうえん

在果園香甜的空氣中深呼吸

一宮地區規模屈指可數的農園，以農藥減量、有機栽培的方式栽種白桃、白鳳、淺間白桃等共10個品種的水蜜桃。入園、試吃免費，遊客需買下自己摘取的水果。
☎0553-47-1096 ⌂笛吹市一宮町石14 ⏰6月下旬～8月下旬、8:00～16:00
㊡開放期間無休 ¥水蜜桃吃到飽（40分）1500日圓，採水蜜桃（購買制）中箱（3公斤）7～8個裝2800日圓～ Ⓟ有
‖JR山梨市站車程15分
MAP 90 B-3

↑園中也有栽種黃金桃品種

 葡萄

あすなろ園
‖勝沼‖あすなろえん

在果園的樹蔭下品嘗世界各地的葡萄

可採水蜜桃、葡萄、草莓、櫻桃的果園。葡萄吃到飽除了有麝香晴王、德拉瓦、巨峰、岡山無籽、甲斐路葡萄的路線，世界葡萄路線也很受歡迎。園內附設餐廳。
☎0553-44-1448 ⌂甲州市勝沼町等々力1825-1 ⏰2月上旬～11月下旬、9:00～17:00 ㊡開放期間無休 ¥摘葡萄吃到飽（30分）600日圓～ Ⓟ有
‖巴士站等々力公民館前步行6分
MAP 91 A-2

↑栽種世界各地的葡萄，種類多達20種以上

如果想品嘗山梨特有的葡萄品種，建議試試9月中旬～10月上旬的甲斐路葡萄與9月下旬～11月上旬的甲州葡萄。

農園經營的咖啡廳＆市集
親近重視當地食材的好味道

這片土地上，坐落著許多活用肥沃土壤、從翻土開始事事講究的農園。
當吃到蔬菜與水果的原始風味，身體和心理都能獲得滿足。
讓我們一起尋找用心堅持的好滋味吧

在農園感謝大自然的恩典
讓身心都放鬆的均衡飲食

農カフェ hakari ‖一宮‖ のうカフェハカリ

位於水蜜桃之鄉，笛吹市一宮町的大北農園內，是供應穀物蔬食的咖啡廳。由古老養蠶小屋改裝而成的店內，裝飾著生活用品與古早用具，顯示店主的出眾品味。這裡供應完全不使用肉與魚、蛋、乳製品等動物性食品的生機飲食菜餚，可充分品嘗自家菜園栽種的健康蔬菜等食材的原味。推薦hakari拼盤，附有玄米飯搭配湯品，以及5～6道小菜。

咖啡廳　☎0553-47-5899　笛吹市一宮町金田1223（大北農園內）　⏰11:30～17:00、18:30～21:00（晚餐需預約）　休週五　P有　‖JR山梨市站車程15分　MAP 90 B-3

menu

hakari拼盤
1350日圓

蔬菜咖哩套餐
1134日圓

迷你拼盤
1080日圓

迷你咖哩
842日圓

■樸實的農園氣氛給人溫馨的感覺
■甜點（蔬菜冰淇淋）各378日圓～
■適合做為伴手禮的自製糖煮水蜜桃864日圓（左）及烘焙點心各378日圓～
■極受歡迎的午餐─hakari拼盤
■窗外是無邊無盡的農園風景，夏季可坐在戶外露天座用餐

可體驗採收蕃茄
農園附設的直銷所&果汁吧

四季菜 KATSUNUMA FARMER'S MARKET

‖勝沼‖しきさい カツヌマファーマーズマーケット

KATSUNUMA FARMER'S MARKET位於以葡萄之鄉聞名的勝沼，這裡經常擺放著5～10種左右的新鮮蕃茄，供遊客試吃以及選購自己喜歡的蕃茄口味。6月下旬～10月可在旁邊的溫室體驗摘蕃茄（需預約）。果汁吧可品嘗淋上蕃茄果醬的人氣霜淇淋，前所未有的風味相當受到矚目。農產直銷所裡則有山梨縣內精選的農作物及加工品等人氣商品齊聚一堂。

咖啡廳、直銷所 ☎0553-44-5268 ⌂甲州市勝沼町休息1591-3 ⏰10:00～17:00 休無休 P有 ‼JR勝沼葡萄鄉站車程15分 MAP91 A-1

↓番茄果醬香草冰淇淋400日圓是風味前所未有的甜點

↑務必嘗嘗美味的奢侈蕃茄350日圓

↑各種蕃茄220日圓～

TOMATO-KAN

展銷的蕃茄主要以自家農場栽培的番茄為主，再加上全日本各地5～10種精選番茄。蕃茄主題的原創商品也相當受到女性顧客的歡迎。

→體驗採摘蕃茄
400日圓

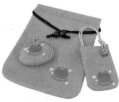
↑蕃茄館原創商品
手機套（右）、零錢包（左）各760日圓、束口袋（中）1080日圓

JUICE BAR

紅、綠、黃3種蕃茄果醬充分發揮蕃茄的不同風味特色，100%天然無添加物的蕃茄原汁也是人氣伴手禮。

←蕃茄汁300日圓非常美味

→有3種口味的蕃茄果醬800日圓發揮出各自的獨特風味

Popos

當季的新鮮蔬菜與山梨各地的人氣加工品一應俱全。栽種於葡萄棚下的甲州棚栽培南瓜，不論味道、外觀、顏色都非常完美。

↑當地產的蔬菜、特別的加工食品都是產地特有的滋味

←包括新鮮蔬菜與當地農產物在內，擺放了日本各地的當季美味食材

具有古早風味的有機栽培蕃茄，是不敢吃蕃茄的人也能接受的美味。

令人感到懷念的故鄉滋味
敬請享用山梨美食

大量蔬菜與有嚼勁的寬麵咕嘟咕嘟地在鍋中燉煮，
「餺飥」是山梨鄉土料理的代表。
也很推薦以精選蕎麥粉與湧泉製作出具有嚼勁的蕎麥麵。

第3屆餺飥風味評比大賽
獲得「達人」稱號

富士櫻餺飥
1730日圓

餺飥風味評比大會
達成3連霸

蒸金餺飥（加山梨
葡萄湯葉）1300日圓

お食事処 はやし
‖鹽山‖おしょくじどころはやし

位於惠林寺旁的鄉土料理餐廳。富士櫻豬搭配大量季節蔬菜的餺飥相當受歡迎，不破壞形狀細心燉煮的南瓜甜味相當突出。店內還提供甲州牛的燒肉套餐與生馬肉等甲州獨有的美味。

餺飥 ☎0553-33-6004
⌂甲州市塩山小屋敷1577
⊙11:00～21:00 困週二（達假日則翌日休）Ｐ有
‼JR鹽山站車程10分
MAP 90 B-1

1 2700日圓的甲州牛燒肉定食也廣受好評
2 可愛的西式建築是明顯指標

ほうとう蔵 歩成
‖山梨市‖ほうとうくらふなり

可以品嘗到採用講究食材的道地餺飥，材料有將南瓜泥拌入店家原創調製味噌的"黃金味噌"、店家自己栽種的蔬菜、品牌肉品等。店家以此道餺飥取得「餺飥風味評比大賽」的3連霸。

餺飥 ☎0553-23-1567
⌂山梨市万力1091
⊙11:00～22:30
困週一
Ｐ有
‼JR山梨市站步行15分
MAP 90 B-2

1 關鍵在於秘傳醬汁。掀起話題的B級美食，滷雞內臟500日圓
2 店內寬敞，可以悠閒放鬆地用餐

夏季適合吃涼的餺飥 "おざら"

"おざら"是把川燙過的餺飥泡冷水後撈起，然後沾加入蔬菜與肉的熱湯汁食用，是很適合炎熱夏季享用的鄉土料理。

**無添加物的餺飥
讓人吃到食材的好味道**

蔬菜餺飥
1512日圓

→在別具風情的欅木民宅享用口味深層濃厚的餺飥

皆吉
‖勝沼‖みなき

由屬於明治時代建築的欅木民宅改裝而成的餐飲店。大受歡迎的餺飥是使用費時約2年發酵的自家味噌，以及不加任何化學調味料的自製湯頭燉煮而成，裡面還放入了大量的當地產蔬菜。

餺飥　☎0553-44-0004
⌂甲州市勝沼町等々力1372
⏰11:00～18:00(售完即打烊)
㊡週三、第3週二 Ⓟ有
‼巴士站等々力公民館前步行5分
ᴍᴀᴘ 91 A-2

**從蔬菜、味噌到麵條
全部手工製作的溫和好滋味**

豪華餺飥
1650日圓

→餐飲店備有寬敞且讓人放鬆的和室座位

一味家
‖勝沼‖かずみや

白蘿蔔、紅蘿蔔、蔥等加入餺飥的蔬菜全部都是在自家菜園以有機方式栽種而成。餺飥使用發酵長達3年的自製味噌與自製麵條等精選食材，是對身體有益的好味道。

餺飥　☎0553-44-1456 ⌂甲州市勝沼町休息1625 ⏰11:00～14:00、16:00～19:00(週六日、假日及7～10月11:00～19:00) ㊡週四(逢假日則營業，8～10月無休) Ⓟ有 ‼巴士站子安橋北步行3分
ᴍᴀᴘ 91 A-2

**只以蕎麥粉與湧泉製麵的
百分百蕎麥麵為賣點**

著名的大炸蝦蘿蔔泥蕎麥麵
1480日圓

→店內走純日式風格，瀰漫著一股讓人安心放鬆的氣氛

手打ち蕎麦 はな花
‖山梨市‖てうちそばはなはな

感受到木質溫度的店內，供應製法講究的蕎麥麵，將嚴選的日本產蕎麥(去殼)以石臼磨碎，不加入山藥、只以湧泉打製出特製的蕎麥麵。一定要來嘗嘗看著名的大炸蝦蘿蔔泥蕎麥麵。

蕎麥麵　☎0553-20-8787
⌂山梨市万力1094 ⏰11:30～15:00、17:30～22:00
㊡週二(逢假日則營業)
Ⓟ有
‼JR山梨市站步行12分 ᴍᴀᴘ 90 B-2

ほうとう蔵 歩成，還有JR山梨市站前店「お食事処 歩成」和「炭火炉端 炙りや歩成」兩家分店。

使用現採水果製作
邂逅富有季節風味的甜點

勝沼周邊除了盛產葡萄，還出產水蜜桃、櫻桃、草莓，
一整年都有許多水果開花結果。
不妨感受一下運用當地食材的美味甜點魅力。

被玫瑰花香包圍的咖啡廳

ローズファーム

‖御坂‖

販售多種色彩鮮豔玫瑰的ロー
ズファーム所附設的咖啡廳
中，可以品嘗季節限定的聖
代、蛋糕，以及添加玫瑰、香
蜂草等的原創特調玫瑰花草

茶。由店長親自精選的生活雜
貨妝點店內，所有商品皆可以
選購。

■圖為玫瑰聖代500日圓。季
節限定聖代900日圓～
❷店家特別調配的玫瑰花草茶
420日圓
❸呈現可愛粉紅色的玫瑰蘇打
600日圓，最適合夏天飲用
❹店內的生活用品是店長精挑
細選之物，全都非常可愛
❺有各種顏色的玫瑰花，玫瑰
花（鮮花一支）200日圓～
❻透過店內的大片窗戶可看到
庭園，店內氣氛活潑

☕咖啡廳 ☎055-264-2271 ⌂笛吹市御坂町下黑駒1839-1
🕐10:30～19:00 困週三 ℗有 🚌巴士站下黑駒步行5分
MAP 90 B-4

了解水果王國山梨的各季出產水果

櫻桃5月下旬～6月中旬，水蜜桃7月上旬～9月中旬，葡萄7月下旬～11月上旬。依不同品種的收成時期與味道也會有所不同。☞P.101

飯店的咖啡廳
享用當季的水果聖代

1

Cafe Bella Vista
‖山梨市‖ カフェ ベラヴィスタ

位於笛吹川水果公園內的富士屋果園飯店一樓的咖啡廳。大量使用當令水果的聖代，連外觀也十分賞心悅目。

咖啡廳 ☎0553-22-8811（富士屋果園飯店） 🏠山梨市江曽原1388 富士屋果園飯店 1F ⏰10:30～16:30 🈳無休 Ⓟ有 ‼JR山梨市站車程7分 MAP 90 A-2

1水蜜桃用量奢侈的水蜜桃聖代1490日圓（7月中旬～8月中旬）
2大方使用大顆葡萄的巨峰聖代1490日圓（10月）

2

使用新鮮水果製作的
極品霜淇淋

1

オーチャードカフェ
‖山梨市‖

咖啡廳位於笛吹川水果公園的玻璃圓頂建築內，使用新鮮水果製作的霜淇淋頗受好評，人氣最旺的是新鮮草莓的特調霜淇淋。（1～5月上旬限定）

咖啡廳 ☎0553-23-4101 🏠山梨市江曽原1488 ⏰10:00～16:30 🈳無休 Ⓟ有 ‼JR山梨市站車程7分 MAP 90 A-2

1新鮮草莓的特調霜淇淋500日圓　**2**頗具特色的圓頂建築內宛如置身於熱帶度假村

2

藉由種類豐富的甜點
遍嘗多種水果

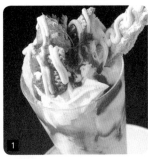

1

ケーキハウスミサワ
‖石和‖

提供各式各樣使用當季水果製作甜點的咖啡廳＆店鋪，可在綠樹圍繞的店內，品嘗擺盤細緻的甜點拼盤與蛋糕，也可以外帶。

咖啡廳 ☎055-262-2227 🏠笛吹市石和町市部461-3 ⏰10:00～19:30LO 🈳週三（逢假日則翌日休） Ⓟ有 ‼JR石和溫泉站車程5分 MAP 90 A-3

1草莓香緹鮮奶油1026日圓
2在寬敞的店內享用精緻甜點

2

部份開放採水果的觀光農園裡，也有供應葡萄霜淇淋或水蜜桃霜淇淋，可以當場享用。

勝沼 葡萄鄉・桃花源／邂逅富有季節風味的甜點

想要留作紀念或當成伴手禮帶回家
勝沼周邊的推薦商品

使用產地特有的水蜜桃或葡萄製成的
果醬與和菓子等，美味的伴手禮多不勝數。
若想要來點不一樣的，也可以考慮土製人偶。

勝沼的現採水果製作的
手工果醬

5種葡萄果醬，蜜桃果醬與草莓果醬也深獲好評。
1瓶565～670日圓

勝沼にこにこ市場
‖勝沼‖かつぬまにこにこいちば

農產品豐富齊全的直銷所，標榜安心、安全生產。採用新鮮水果製成的果醬最適合當作伴手禮，因應季節舉辦的水蜜桃與葡萄等吃到飽的水果自助餐非常受歡迎。

農產品 ☎0553-44-1141 ⌂甲州市勝沼町小佐手422-1 ⏰10:00～17:00 休週三（7～11月無休） P有 🚌巴士站子安橋北步行3分
MAP 91 B-2

使用自製酵母的
勝沼人氣麵包店

長形麵包324日圓（左）、Ajiwai432日圓（右後），葡萄棒狀麵包162日圓（中後）

パンテーブル
‖勝沼‖

鄉村麵包與長形麵包、法國麵包等口感稍硬的麵包很受歡迎。主要採用北海道產的日本麵粉與日本天然鹽，並以葡萄乾做成的自製天然酵母製作麵包，越吃越有味道的麵包非常值得推薦。

麵包 ☎0553-44-5488 ⌂甲州市勝沼町休息1360 ⏰10:00～17:00 休週一、二（1～6月為週日、一休） P有 🚌巴士站子安橋北即到
MAP 91 A-2

品嘗季節限定
江戶時代流傳下來的甲州伴手禮

使用甲州葡萄製作的山梨名點
月之雫30個裝1296日圓

岩間ベーカリー
‖勝沼‖いわまベーカリー

將新鮮的甲州葡萄一顆一顆裹上砂糖蜜製成的月之雫，砂糖的甜味與葡萄的酸甜配合得恰到好處。自江戶時代開始流傳，約有200年的歷史，是9月上旬～隔年2月左右販售的期間限定商品。

西點 ☎0553-44-0215 ⌂甲州市勝沼町勝沼3025 ⏰8:00～20:00 休無休 P有 🚌巴士站中央公園入口即到
MAP 91 B-3

適合春季造訪的釋迦堂遺跡博物館

4月的釋迦堂遺跡博物館一帶，是觀賞桃花與阿爾卑斯山積雪的絕佳景點，其他時候也可以賞季節花卉。

滑潤順口的上等內餡
山梨名點的甲斐福麻糬

令人十分期待的季節限定內餡
甲斐福麻糬8個裝900日圓

信玄館
‖鹽山‖しんげんやかた

是將麻糬包在北海道產紅豆餡內的和菓子。除了紅豆餡以外，還會推出梅子、栗子等季節限定的餡料。館內有可以參觀製作過程的工作坊，還有可以享用餺飥的餐廳。

名產 ☎0553-33-3555
🏠甲州市塩山小屋敷2311-1
🕐8:30～17:00
休無休 P有
‼JR鹽山站車程7分
MAP 90 B-1

找尋可以搭配勝沼葡萄酒的
玻璃酒杯

花紋細緻的高雅葡萄酒杯
各1620日圓

葡萄工房ワイングラス館
‖勝沼‖ぶどうこうぼうワイングラスかん

水晶吊燈閃閃發光的挑高店內，陳列著以玻璃酒杯為主的玻璃製品與首飾、小飾品等，種類齊全。還有展示珍貴的酒標等，光是逛逛也很有趣。附設有咖啡廳與麵包店。

工藝品 ☎0553-20-4681 🏠甲州市勝沼
町休息1709 🕐9:30～17:30（週六日、假
日～18:00）休無休
P有
‼巴士站休息山立正寺即到
MAP 91 A-1

發思古之幽情
遇見繩文遺跡

具喜感的人偶土鈴
各1000日圓

釋迦堂遺跡博物館
‖一宮‖しゃかどういせきはくぶつかん

收藏、展示代表繩文時代中期的釋迦堂遺跡出土文物，其中5599件土製人偶、器皿、石器等，皆已列為國家重要文化財。館內有販售做成土製人偶與器皿形狀的伴手禮。

博物館 ☎0553-47-3333 🏠笛吹市一宮
町千米寺764 🕐9:00～16:30
休週二，假日翌日
（週二逢假日則翌日休）¥200日圓
P有
‼巴士站釈迦堂入口步行10分
MAP 91 A-4

勝沼にこにこ市場除了果醬以外，也販售新鮮蔬菜與雞蛋等許多划算的商品。

將旅行升等
勝沼周邊的純泡湯溫泉＆優質旅館

若想擁有舒適愉快的旅行，好的溫泉與旅館是不可或缺的，
下面介紹幾間遊覽勝沼途中值得造訪的純泡湯溫泉設施，
以及可藉由葡萄酒與美景放鬆身心的講究旅館。

從位於海拔700公尺的天空浴池眺望日本第一高的富士山

ほったらかし温泉 あっちの湯・こっちの湯 ‖山梨市‖ ほったらかしおんせんあっちのゆこっちのゆ

以可從正面觀賞靈峰富士山與腳下甲府盆地的露天浴池聞名，是可當日來回的溫泉設施，2大浴池あっちの湯、こっちの湯都給人開闊自在的感覺。從日出前1小時到深夜開放泡湯，可欣賞列入新日本三大夜景之一的甲府盆地夜景，以及壯觀的富士山日出。

純泡湯 ☎0553-23-1526 住山梨市矢坪1669-18 ⏰日出前1小時～21:30（詳細時間需洽詢）
休無休 ¥800日圓 P有
JR山梨市站車程10分
MAP 90 A-2

1

2

3

1あっちの湯有機會可以觀賞冬季早晨在雲海中若隱若現的富士山 2農村風情為魅力所在的こっちの湯 3瀰漫著木頭香味的休息室

被玫瑰花香包圍的溫泉

みさかの湯 ‖御坂‖ みさかのゆ

以御坂町特產的玫瑰為主題的溫泉設施，還附設玫瑰花園。館內有露天浴池、躺著泡的寢湯、溫泉水柱、三溫暖等多樣化設施。每週一可在女性露天浴池體驗「玫瑰湯」。

純泡湯 ☎055-261-6166 住笛吹市御坂町成田2200 ⏰10:00～22:00 休第2、4週二（逢假日則翌日休）¥720日圓（17:00～520日圓） P有 JR石和溫泉站車程7分 MAP 90 A-3

在各式各樣的浴池盡情泡湯

在桃花源的露天浴池好好放鬆

ももの里温泉 ‖一宮‖ もものさとおんせん

設有男女分開的大浴池、露天浴池、溫泉水柱、三溫暖等。位於日本屈指可數的水蜜桃產地笛吹市一宮町，春天可一邊欣賞桃花，一邊在露天浴池泡湯。設有免費的大休息室與餐飲店，設施完善。

純泡湯 ☎0553-47-4126 住笛吹市一宮町金沢387-1 ⏰10:00～20:30 休週四（逢假日則翌日休）
¥3小時620日圓，1日1030日圓
P有 JR石和溫泉站車程15分
MAP 90 B-4

春天可以一邊賞桃花一邊泡湯

勝沼地區一帶的旅館二三事

勝沼周邊除了富士屋果園飯店與葡萄之丘飯店☞P.93外，只有幾間民宿。客滿時建議可以問看看石和溫泉與鹽山溫泉附近的飯店。

可欣賞四季景色的美景溫泉

やまなしフルーツ温泉ぷくぷく

‖山梨市‖ やまなしフルーツおんせんぷくぷく

融合了山梨自豪的「溫泉」與「水果」兩大特色的新型態純泡湯設施。露天浴池有寶石浴池等，可一邊觀賞富士山與新日本三大夜景，一邊泡湯而非常受歡迎。館內統一以粉色與紫色裝潢。

純泡湯 ☎0553-23-6026 🏠山梨市大工2589-13 🕐11:00～24:00（週六日、假日為日出前30分～）🈺無休 💴一般860日圓、國中以下430日圓、未滿3歲免費 🅿有 🚻JR山梨市站車程7分 MAP 90 A-2

一人獨占新日本三大夜景，享受泡湯

深受當地民眾喜愛的交流場所

笛吹市石和ふれあいセンターなごみの湯

‖石和‖ ふえふきしいさわふれあいセンターなごみのゆ

這個泡湯設施座落於離溫泉街有段距離的地方，設有寢湯、按摩池、三溫暖等的男女別大浴場。溫泉泉質為鹼性的單純溫泉，對改善風濕、神經痛都很有效。

純泡湯 ☎055-230-5551 🏠笛吹市石和町下平井578 🕐10:00～20:30（逢假日則翌日休）💴5小時720日圓，5小時以上1030日圓 🅿有 🚻JR石和溫泉站車程5分 MAP 90 A-3

體驗各式各樣的浴池，度過放鬆的時刻

（ 優質旅館 ）

可以採葡萄與烤肉

わいんと宿 川口園 ‖勝沼‖ わいんとやどかわぐちえん

開放採葡萄的觀光農園附設住宿設施，客房可將甲府盆地的夜景與葡萄鄉的景色盡收眼底。著名的BBQ可搭配種類豐富的當地產葡萄酒一起享用。

民宿 ☎0553-44-2061 🏠甲州市勝沼町勝沼2890-1 🕐IN15:00、OUT10:00 🈺5 💴1泊2食7560日圓～ 🅿有 🚻巴士站ワイン村河川公園前步行3分 MAP 91 B-3

1以鐵板燒為主的晚餐與葡萄酒十分搭調
2美味餐點搭配葡萄酒、當地啤酒一起享用

羅曼蒂克的夜景令人感動

富士屋果園飯店 ‖山梨市‖ フルーツパークふじやホテル

位於笛吹川水果公園旁山丘上的度假飯店，俯瞰甲府盆地的眺望極美。可以在日西式、鐵板燒的餐廳用餐，也可以在引取天然溫泉的「万葉の湯」享受泡湯。

飯店 ☎0553-22-8811 🏠山梨市江曽原1388 🕐IN15:00、OUT11:00 🈺43 💴1泊2食19050日圓～ 🅿有 🚻JR山梨市站車程7分 MAP 90 A-2

1飯店矗立於可俯瞰甲府盆地夜景的高地上 2瀰漫著高雅氛圍的成熟風度假飯店

勝沼 葡萄鄉・桃花源／勝沼周邊的純泡湯溫泉＆優質旅館

ほったらかし温泉 あっちの湯・こっちの湯供應120日圓的炸溫泉蛋，外皮酥脆，中間的蛋入口即化，很受歡迎。

前往河口湖・山中湖・富士山・勝沼的交通方式
高速巴士與特急列車等較為方便

規劃如何前往目的地也是旅行的樂趣之一。
不妨事先調查移動上較為順暢的交通工具與路線，
為舒適愉快的旅行訂定交通計畫吧。

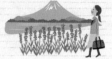

東京前往河口湖・山中湖・富士山・勝沼

除了鐵路外也可以參考直達目的地的高速巴士，部分季節還有直達富士山五合目的巴士

搭乘電車前往時，河口湖・西湖・精進湖在富士急行線河口湖站，山中湖則在富士急行線富士山站、勝沼則在JR勝沼葡萄鄉站下車。也很推薦從新宿高速巴士總站或東京站搭乘高速巴士前往，如此一來不需轉乘就可直達山中湖。

前往富士山五合目除了從河口湖站搭乘路線巴士，也可以從新宿高速巴士總站搭乘高速巴士。另外，勝沼葡萄鄉站與高速巴士的勝沼巴士站相離甚遠，請多加留意。

目的地	交通工具	路線	需時	票價
河口湖	🚌	**新宿高速巴士總站**→京王巴士等 每小時1～2班→**河口湖站**	1小時45分	1750日圓
河口湖	🚌	**東京站八重洲南口**→JR關東巴士等 1日8～10班→**河口湖站**	2小時40分～3小時10分	1750日圓
河口湖	🚃	**新宿**→特急「（スーパー）あずさ」「かいじ」每小時1～2班→**大月站**→富士急行線「フジサン特急」1日5～7班→**河口湖站**	2小時	4210日圓
山中湖・富士吉田	🚌	**新宿高速巴士總站**→京王巴士 等 每小時1～2班→**山中湖 旭日丘、富士吉田**	2小時15分（富士吉田1小時50分）	2050日圓（1750日圓）
山中湖・富士吉田	🚌	**東京站八重洲南口**→JR關東巴士等 1日8～10班→**山中湖畔（富士山 山中湖）**	2小時20～50分	1750日圓
山中湖・富士吉田	🚃	**新宿**→特急「（スーパー）あずさ」「かいじ」每小時1～2班→**大月站**→富士急行線「フジサン特急」1日5～7班→**富士山站**	1小時50分	4090日圓
勝沼	🚃	**新宿**→特急「（スーパー）あずさ」「かいじ」每小時1～2班→**大月站**→JR中央本線普通 每小時1～2班→**勝沼葡萄鄉站**	2小時	3390日圓
勝沼	🚌	**新宿高速巴士總站**→京王巴士 等 每小時1～2班→**勝沼**	1小時35分	1650日圓

※開往河口湖・山中湖的所有巴士都可以在富士急高原樂園下車（停靠富士急高原巴士總站）

不用轉乘輕輕鬆鬆

從名古屋・大阪也有高速巴士發車

從名古屋
名古屋（名鐵巴士中心）→名鐵巴士等「Resort Express（リゾートエクスプレス）」1日1班（開往富士山站）→河口湖站
4小時 4110日圓

從大阪
大阪（阿倍野橋）→近鐵巴士等「富士山Liner（フジヤマライナー）」1日1班（開往富士山站）→河口湖站
10小時57分 8700日圓

兩者皆可在富士急高原樂園下車。

想從日本其他地方前往建議先到羽田機場或東京站・品川站・大宮站

先從日本各地搭乘國內線班機前往羽田機場，或搭乘新幹線前往品川站・大宮站。從羽田機場搭乘京急線到品川站，然後換乘JR山手外環線到新宿站。大宮站則可以搭乘JR埼京線或湘南新宿線到新宿站。從羽田機場・大宮站到新宿站約需45分。

河口湖・山中湖・富士山・勝沼
交通地圖

東京
新宿
品川
八王子
中央本線
大月
町田
小田急小田原線
新横濱
東神奈川
橫濱
東海道本線
本厚木
東海道新幹線
國府津
小田原
特急「あさぎり」
松田
御殿場
Premium Outlets
御殿場線
熱海
三島
沼津
東海道本線
東海道新幹線

甲府
小淵澤
石和溫泉
石和溫泉駅入口
山梨市
鹽山
勝沼
都留市
勝沼葡萄鄉
富士急～三嶺纜車
芦川農產物直売所
プチペンション村
精進
身延線
精進湖
西湖民宿
西湖
河口湖
富士急山梨巴士
下部溫泉
本栖湖
休暇村富士
猪の頭
本栖湖
富士急高原樂園
河口湖
富士急行
富士山
大橋（忍野八海）
富士急山梨巴士
山中湖
平野
山中湖 旭日丘
山中湖 山中湖
道の駅朝霧高原
（特定季節行駛）
富士山五合目
白糸の滝
富士宮
富士急靜岡巴士等
名鐵巴士中心
靜岡
阿倍野橋
富士
新富士
名古屋・新大阪
富士山
御殿場富士急行巴士
（往富士山五合目·本栖湖的巴士為特定季節行駛）

凡例
━━━ 新幹線
━━━ JR一般鐵路
‥‥‥ 路線巴士
━━━ 私鐵線
═══ 高速巴士

※省略部分鐵路路線與車站，巴士僅標明主要路線。

洽詢處

巴士
京王高速巴士預約中心 ……………………☎03-5376-2222
JR巴士關東 高速巴士客服中心（東京～河口湖）
　　　　　　　　　　　　　　　　　　……☎03-3844-0495
名鐵高速巴士預約中心 ……………………☎052-582-0489
近鐵高速巴士中心 …………………………☎06-6772-1631

鐵路
JR東日本洽詢處 ……………………………☎050-2016-1600
富士急行（富士山站） ……………………☎0555-22-7133
京急服務中心 ………………………………☎03-5789-8686

查詢時間與票價
相當方便的網站

駅探モバイル（日文網站）
http://1069.jp/
這個網站可以查詢轉乘方法、鐵路與飛機的時刻表、票價。依據所查的路線收費為免費～月付216日圓。

ハイウェイバスドットコム（日文網站）
https://www.highwaybus.com/
以行經中央自動車道的巴士為主，可以查詢、預約自新宿高速巴士總站、名鐵巴士中心發車等的高速巴士。

113

若想開車前往
中央自動車道是標準路線

中央自動車道有河口湖IC、東富士五湖道路有山中湖IC，以這兩個交流道最方便。
依據出發地點的不同，有時從東名高速道路的御殿場IC下，
行經東富士五湖道路前往河口湖或山中湖也很快。

東京前往河口湖・山中湖・富士山・勝沼

中央自動車道是通往上述目的地的主要道路，河口湖IC會直通東富士五湖道路。依據出發地點的不同，有時也可以從東名高速道路的御殿場IC下。通往富士山五合目的道路冬季會封閉。此外，由於中央自動車道靠東京起點的高井戶IC沒有入口，一般都是從與中央自動車道相連的首都高速道路出發。

目的地	交通工具	路線	需時	票價
河口湖	🚗	**永福入口**→首都高速・中央自動車道→**河口湖IC**→國道139號等→**河口湖**	1小時30分	3100日圓
河口湖	🚗	**東京IC**→東名高速道路→**御殿場IC**→國道138號→**須走IC**→東富士五湖道路→**富士吉田IC**→縣道707號等→**河口湖**	1小時40分	3630日圓
山中湖	🚗	**永福入口**→首都高速・中央自動車道・東富士五湖道路→**山中湖IC**→國道138號→**山中湖（旭日丘）**	1小時40分	3630日圓
山中湖	🚗	**東京IC**→東名高速道路→**御殿場IC**→國道138號（行經篭坂峠）→**山中湖（旭日丘）**	1小時35分	2570日圓
富士山	🚗	**永福入口**→首都高速・中央自動車道→**河口湖IC**→國道139號、富士Subaru Line（富士スバルライン）等→**富士山五合目**	2小時	5160日圓
富士山	🚗	**東京IC**→東名高速道路→**御殿場IC**→國道138號→**須走IC**→東富士五湖道路→**富士吉田IC**→富士Subaru Line（富士スバルライン）等→**富士山五合目**	2小時20分	5690日圓
勝沼	🚗	**永福入口**→首都高速・中央自動車道→**勝沼IC**→國道20號、縣道38號→**勝沼葡萄鄉站**	1小時15分	3000日圓

事先確認
交通資訊

富士山五合目
夏季有自用車管制

通往富士山五合目的富士Subaru Line（富士スバルライン），夏季會實施自用車管制。管制期間，自用車必須停在河口湖站或富士Subaru Line收費站附近的停車場，再搭乘路線巴士或計程車前往富士山五合目。詳細實施時間與內容請向富士Subaru Line管理事務所洽詢。➡P.70

上山前先確認

名古屋・大阪出發的開車路線

從名古屋或大阪前往河口湖、山中湖・富士山，新東名高速道路的新富士山IC或東名高速道路的御殿場IC是最近的交流道。
前往勝沼則和從東京出發相同，中央自動車道的勝沼IC是最近的交流道。其他還有從中央自動車道的甲府南IC或一宮御坂IC前往河口湖・山中湖的路線。

河口湖·山中湖·富士山·勝沼
主要道路地圖

往來各區域間所需的約略時間
勝沼～山中湖距離約60公里，需時55分。
勝沼～河口湖距離約35公里，需時45分。
山中湖～河口湖距離約15公里，需時30分。
山中湖～御殿場距離約20公里，需時35分。
河口湖～朝霧高原距離約25公里，需時40分。

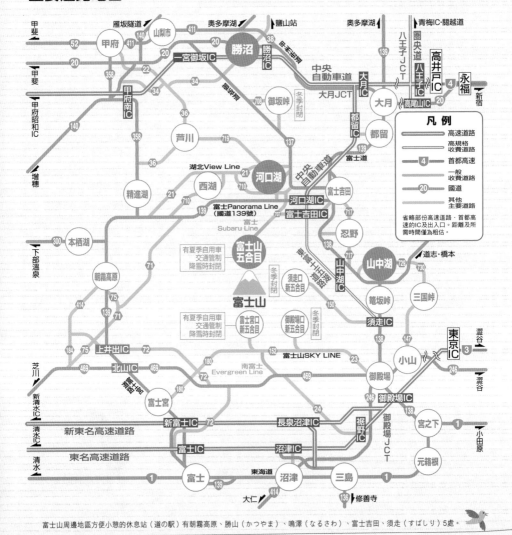

凡例

	高速道路
	高規格收費道路
4	首都高速
	一般收費道路
20	國道
	其他主要道路

省略部份高速道路，首都高速的IC及出入口。距離及所需時間僅為粗估。

富士山周邊地區方便小憩的休息站（道の駅）有朝霧高原、勝山（かつやま）、鳴澤（なるさわ）、富士吉田、須走（すばしり）5處。

115

index

河口湖・山中湖 富士山・勝沼

英文字母

日文假名

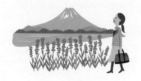

Ⓔ 景點　Ⓡ 餐廳　Ⓒ 咖啡廳　Ⓢ 商店　Ⓗ 飯店　♨ 温泉

☺ 景點　Ⓡ 餐廳　Ⓒ 咖啡廳　Ⓢ 商店　Ⓗ 飯店　♨ 溫泉

ことりっぷ co-Trip 小伴旅

河口湖・山中湖
富士山・勝沼

【co-Trip日本系列 15】

河口湖・山中湖
富士山・勝沼小伴旅

作者／MAPPLE 昭文社編輯部
翻譯／張雲婷
審訂／潘涵語
發行人／周元白
製版印刷／長城製版印刷股份有限公司
出版者／人人出版股份有限公司
地址 ／ 23145新北市新店區寶橋路235巷
6弄6號7樓
電話／（02）2918-3366 （代表號）
傳真／（02）2914-0000
網址／www.jjp.com.tw

郵政劃撥帳號／
16402311人人出版股份有限公司

經銷商
聯合發行股份有限公司
電話／（02）2917-8022

第一版第一刷／2014年7月
修訂第二版第二刷／2018年3月
定價／新台幣300元

國家圖書館出版品預行編目(CIP)資料

河口湖・山中湖：富士山・勝沼小伴旅 /
MAPPLE昭文社編輯部作；張雲婷翻譯.
-- 修訂第二版. -- 新北市：人人, 2015.11
面； 公分. -- (co-Trip日本系列；15)
譯自：河口湖・山中湖 富士山・勝沼
ISBN 978-986-461-021-1(平裝)

1.旅遊 2.日本
731.9
104018465

JMJ

co-Trip KAWAGUCHIKO YAMANAKAKO
ことりっぷ河口湖・山中湖 富士山・勝沼
Copyright © Shobunsha Publications, Inc.
2015
All rights reserved.
First original Japanese edition published by
Shobunsha Publications, Inc. Japan
Chinese （in traditional characters only）
translation rights arranged with Jen Jen
Publishing Co., Ltd.
through CREEK & RIVER Co., Ltd.

●本書提供的，是2015年2月～3月的資訊。由於
資訊可能有所變更，要利用時請務必先行確認，因
日本調高消費稅，各項金額可能有所變更；部分公
司行號可能標示不含稅的價格。此外，因為本書中
提供的內容而產生糾紛和損失時，本公司礙難賠
償，敬請事先理解後使用本書。
●電話號碼提供的都是各設施的詢問電話，因此
可能會出現非當地號碼的情況。因此使用衛星導
航等設備查詢地圖時，可能會出現和實際不同的
位置，敬請注意。
●各種費用部分，入場券部分的標示以大人的票
價為基準。
●開館時間、營業時間，以到停止入館的時間之
間，或是到最後點餐時間之間為基準。
●不營業的日期，只標示公休日，不包含臨時停
業或盂蘭盆節和過年期間的休假。
●住宿費用的標示，是淡季平日2人1房入宿時的1
人份費用。但是部分飯店，也可能房間為單位來
標示。
●交通標示出來的是主要交通工具的參考所需時
間。若使用IC卡，在車資、費用上可能會有所差
異。
●本文內詢問處基本上使用的語言是日文，請注
意。

●本書掲載の地図について
この地図の作成に当たっては、国土地理院長の承認を
得て、同院発行の2万5千分1地形図 5万分1地形図
20万分1 地勢図 100万分1 日本、50万分1 地方
図、数値地図(国土基本情報)電子国土基本図(地図
情報)、数値地図(国土基本情報)電子国土基本図(地
名情報)、数値地図(国土基本情報)基盤地図情報(数
値標高モデル)、電子地形図25000及び基盤地図情
報を使用した。(承認番号 平25情使、第1007-
153623号 平25情使、第1008-153623号 平
25情使、第1009-153623号 平25情使、第
1018-153623号)

●著作權所有 翻印必究●

※本書系凡有「修訂」二字，表示內容有所修改。
「修訂～刷」表示局部性修改，「修訂～版」表示大
幅度修改。

小伴旅 15
201803